"我是小小集邮家"丛书

认识邮票中的艺术世界 1

谢宇 主编

花山文艺出版社

河北·石家庄

图书在版编目（CIP）数据

认识邮票中的艺术世界.1/ 谢宇主编. -- 石家庄
: 花山文艺出版社, 2013.4（2022.3重印）
（我是小小集邮家丛书）
ISBN 978-7-5511-1137-9

Ⅰ．①认… Ⅱ．①谢… Ⅲ．①邮票－中国－图集②艺
术－世界－青年读物 Ⅳ．①G894.1②J1-49

中国版本图书馆CIP数据核字(2013)第128589号

丛 书 名：	"我是小小集邮家"丛书
书　　名：	认识邮票中的艺术世界 1
主　　编：	谢　宇
责任编辑：	梁东方
封面设计：	慧敏书装
美术编辑：	胡彤亮
出版发行：	花山文艺出版社（邮政编码：050061）
	（河北省石家庄市友谊北大街 330号）
销售热线：	0311-88643221
传　　真：	0311-88643234
印　　刷：	北京一鑫印务有限责任公司
经　　销：	新华书店
开　　本：	880×1230　1/16
印　　张：	10
字　　数：	160千字
版　　次：	2013年7月第1版
	2022年3月第2次印刷
书　　号：	ISBN 978-7-5511-1137-9
定　　价：	38.00元

"我是小小集邮家"丛书

分册书名

1.认识邮票中的建筑艺术

2.认识邮票中的军事故事

3.认识邮票中的体育竞技

4.认识邮票中的文学与生肖故事

5.认识邮票中的植物世界

6.认识邮票中的动物世界

7.认识邮票中的名胜古迹（1、2）

8.认识邮票中的社会建设成就（1、2）

9.认识邮票中的艺术世界（1、2）

10.认识邮票中的民俗与节日（1、2、3）

11.认识邮票中的古今人物（1、2、3）

编 委 会

前　言

　　新中国的邮票从1949年开始发行，基本都以建筑、自然风光、动植物为图案，其种类主要有普通邮票、纪念邮票、特种邮票等。纪念邮票是从1949年10月8日开始发行，新中国的纪念邮票多以重大的政治事件、庆典和节日为内容，对一些革命人物、文化名人以及重要的国际活动也发行过纪念邮票；特种邮票的题材非常广泛，包括了经济、社会建设、文化艺术、珍禽异兽、奇花异草、山水风光等。

　　"我是小小集邮家"丛书收录了从中华人民共和国成立到2010年，新中国所发行的各类邮票品种，以全新的分类方式，全方位展现给广大读者朋友，并依照邮票的志号（及时间先后）顺序，系统介绍了从1949年到2010年我国发行的每套邮票的时代背景、每一枚邮票的图案内容及主题和所涉及的相关知识、对邮票图案艺术设计特点的研究和鉴赏等。内容分为：风景名胜类、建筑类、人物类、动物类、植物类、艺术类、文学类、体育类、军事类等。全书对各类邮票采用简短、浅显易懂的文字进行介绍，通过图文混排的形式把它们全方位、多角度地展现在读者面前，使读者更加深刻地了解中国邮票艺术的发展历程、时代特征及收藏价值。

　　丛书在邮票发行背景的介绍中，力求真实、客观，以历史的本来面目记述事件与人物的真相。同样，邮票图案的设计也不是随心所欲的，它要与立题密切配合，相互依衬、相互烘托。因此，丛书在邮票图案内容的介绍中，既突出主题，又兼顾相关，使介绍的对象生动、跃然。全书语言生动，文笔优美，图片清晰，具有较高的趣味性和较强的可读性，是广大集邮爱好者学习集邮、鉴赏邮票必读的普及性读物。

　　本丛书在编写过程中，得到了国内许多集邮爱好者的关心和支持（由于人员太多，请恕我们不能一一列举），特别是天津科技翻译出版公司各级领导和各位老师的悉心指导和帮助，在本丛书即将付印之际，特向相关人员表示诚挚的谢意。需要特别声明的是：本丛书只是丛书编委会人员就新中国邮票这一领域的首次大胆尝试，真心希望本丛书能够起到抛砖引玉的作用，希望在这一领域能够不断涌现出更多、更好、更能适合读者阅读的好图书。

　　另外，由于编写人员知识水平有限及编写时间仓促，尽管我们尽最大努力想把每一部分内容都能够做得更完美，但还是由于各方面的原因，仍有不尽如人意之处。在这里我们热诚希望广大读者朋友就书中的错谬之处大胆批评指正。读者交流邮箱：228424497@qq.com。

丛书编委会

2013年4月

目　录

伟大的祖国敦煌壁画——第一组 …………………………………… 1

伟大的祖国敦煌壁画——第三组 …………………………………… 4

伟大的祖国古代发明——第四组 …………………………………… 6

伟大的祖国古代文物——第五组 …………………………………… 10

东汉画像砖 …………………………………………………………… 14

剪纸 …………………………………………………………………… 17

唐三彩 ………………………………………………………………… 20

中国民间舞蹈（第一组）…………………………………………… 23

中国民间舞蹈（第二组）…………………………………………… 27

中国民间舞蹈（第三组）…………………………………………… 30

民间玩具 ……………………………………………………………… 34

殷代铜器 ……………………………………………………………… 37

革命现代京剧《智取威虎山》……………………………………… 41

革命现代舞剧《白毛女》…………………………………………… 45

"文化大革命"期间出土文物 ……………………………………… 48

户县农民画 …………………………………………………………… 54

奔马 ·· 57

奔马 ·· 58

工艺美术 ·· 61

工艺美术 ·· 62

中国绘画·长沙楚墓帛画 ································ 67

齐白石作品选 ·· 70

齐白石作品选 ·· 72

京剧脸谱 ·· 78

风筝 ·· 83

联合国教科文组织中国绘画艺术展览纪念 ······ 85

宫灯 ·· 88

盆景艺术 ·· 91

中国陶瓷——磁州窑系 ··································· 95

中国古代钱币（第一组） ································ 98

中国古代钱币（第二组） ······························ 101

明、清扇画面 ·· 104

辽代彩塑 ·· 108

辽代彩塑 ·· 109

西周青铜器 ·· 111

京剧旦角 ·· 116

中国绘画·唐·簪花仕女图 ……………………………… 120

中国绘画·唐·簪花仕女图 ……………………………… 121

吴昌硕作品选 ……………………………………………… 124

风筝（第二组） …………………………………………… 128

敦煌壁画（第一组） ……………………………………… 130

敦煌壁画 …………………………………………………… 131

曾侯乙编钟（小型张） …………………………………… 134

敦煌壁画（第二组） ……………………………………… 136

中国石窟艺术 ……………………………………………… 139

马王堆汉墓帛画 …………………………………………… 141

马王堆汉墓帛画 …………………………………………… 142

当代美术作品选（一） …………………………………… 144

伟大的祖国敦煌壁画
——第一组

发行日期：1952.7.1

4-1　　　　　　　　　4-2

4-3　　　　　　　　　4-4

（特3）

4-1（10）狩猎·西魏	800元	1 000万枚
4-2（11）供养人·隋	800元	1 000万枚
4-3（12）飞天·唐	800元	1 000万枚
4-4（13）乘虎天人·唐	800元	1 000万枚

邮票规格：38 mm × 22 mm

齿孔度数：12.5度

整张枚数：96枚

版　别：雕刻版

设计者：孙传哲

雕刻者：孔绍惠

印刷厂：上海人民印刷厂

全套面值：3 200元

知识百花园

甘肃与新疆交界的戈壁沙漠中有一个重镇——敦煌。敦煌莫高窟即位于此镇东南25千米的鸣沙山和三危山之间，在长1 600米、平均高度17米的崖壁上，洞窟分上下5层，重重叠叠，高低错落，规模宏伟，密如蜂窝。据记载：公元366年，和尚乐傅"杖锡林野，行止此山，忽见金光，状有千佛"，于是在此"造窟一龛"。莫高窟开凿造像，始于前秦建元二年（366），历经西凉、北凉、北魏、西魏、北周、隋、唐、五代、宋、西夏、元等诸朝1 000多年的不断添修营建，虽历受风化、沙压、烟熏、地震等大自然的破坏和人为的毁损，至今仍保有700余窟，其中有壁画、彩塑编号的洞窟492个，保存着我国古代艺术大师们从4世纪到14世纪1 000余年的时间里所绘制的壁画45 000余平方米，彩塑2 500余身，唐宋木结构建筑5座，莲花柱石和铺地花砖数千块，可以称得上是我国现存的一部图解的中国美术史，是一座面积最大、历史最久、保存最完好的，内容丰富、举世无双的沙漠中的古代画廊。

解放后，敦煌莫高窟被确定为全国重点文物保护单位。

邮票解析

图4-1【狩猎·西魏】取材于西魏大统年间（538—539）的第285窟窟顶壁画。描绘一位勇敢的猎人，正引弓待发，射猎一头上坡奔逃的野牛的情景。

图4-2【供养人·隋】为隋代洞窟壁画作品。邮票画面为两组着隋代时装的妇女供养人像。所谓供养人，即是出钱修洞窟的施主，她们衣饰华贵，手捧钱帛，在手执团扇的侍女们的护拥下，正信步走来捐献。壁画通过贵妇人的高大及侍女们的矮小之对比，显示出不同的身份和社会地位。

图4-3【飞天·唐】取材于盛唐时期（713-762）第320窟的说法图壁画。两位追逐飘游的飞天，是人们想象中的女神，她们不仅能歌善舞，且能散发出芬芳的香气，佛经里称她们为"香音神"。飞天女神的形象起源于印度，后传到西域，到唐代时登上宗教艺术的高峰。壁画中的飞天，没有翅膀，不着羽衣，不靠彩云，只凭两片舒卷自如的飘带，凌空而舞，把艳丽而温馨的百花，向人间扬洒，给人一种"天衣飞扬，满壁风动"的感觉。

图4-4【乘虎天人·唐】取材于初唐时期第329窟龛顶壁画，这幅壁画全称为《乘象入胎》，画中有乘龙乘虎的天人，分别为乘象乘马的菩萨、太子作前导，画面表现了其在空中飞舞的情景。画中，与"乘虎天人"相对称的另一侧便是"乘龙天人"。在当时的艺术造型中，龙和虎的体态相似，身躯修长。龙头有角，足有四爪（前三、后一）；虎头无角，蹄似拳形。从它们所处的位置看，龙在东方，虎在西方。我国古代以青龙、白虎、朱雀、玄武（龟蛇相缠）代表东、西、南、北四个方位，这4种动物又被认为是可以护卫人的灵魂升天的神物。所以，往往在龙、虎的胁部都绘有翼状物，肉身再绘上云气环绕，呈腾空飞行状。汉、魏、南北朝时期的墓葬里大都绘有这4种动物。这个时期的龙、虎形象多为侧面。河南邓县出土的南北朝时期墓室画像砖上的龙、虎，体态相似，均为三爪，龙有角，身披鳞；虎无角，身有斑纹。莫高窟唐代壁画中的龙、虎继承了南北朝的画法。唐以后其造型逐渐有了变化，明清至近代变化更大，虎渐似真虎，龙也由早期的侧面变为正面五爪大龙。邮票画面上，天空祥云密布，瑞花朵朵；猛虎目光炯炯，奔腾跳跃；而稳坐虎背上的天人，英姿勃勃，怡然自得，纯熟的驾驭着老虎在太空遨游。壁画表现了人类征服自然和无所畏惧的力量和信心，给人以强烈的感染和振奋之情。

伟大的祖国敦煌壁画
——第三组

发行日期：1953.9.1

4-1 4-2

4-3 4-4

（特6）

4-1（58）马夫与马·西魏	800元	600万枚
4-2（59）伎乐人·西魏	800元	600万枚
4-3（60）战斗·北周	800元	600万枚
4-4（61）牛车·唐	800元	600万枚

邮票规格：38 mm×22 mm

齿孔度数：14度

整张枚数：96枚

版　　别：雕刻版

设计者：孙传哲、夏中汉

雕刻者：吴彭越、刘国桐、李曼曾、林文艺

印刷厂：北京人民印刷厂营业分厂

全套面值：3 200元

知识百花园

图4-1【马夫与马·西魏】取材于第288窟西魏壁画供养人行列中的马夫，他赤着脚、裤筒高高卷起、马鞭插在腰间，是正在调训重负的骏马、准备乘骑的瞬间。

图4-2【伎乐人·西魏】取材于第288窟西魏壁画下部。伎乐人即古代具有舞蹈、歌唱等表演才能者。邮票画面上两个伎乐人身披彩带，居左者正手舞足蹈，作举手托山之状，而居右者，则击掌作蹲伏之态，与之配合。人物形态惟妙惟肖。

图4-3【战斗·北周】取材于第296窟壁画《得眼林故事》中，手持盾牌弓箭的武士正面临全副武装的骑兵攻击的场面。

图4-4【牛车·唐】取材于第329窟初唐供养人的行列中。据记载，我国夏朝时，就有了木轮车，车门开在方形或长方形的车厢后面，架车的马在辕的两边，并开始用上一些青铜构件。到了周朝，王公贵族在车上用金银作装饰，坐在上面，悠闲自得。春秋时期，开始分为马拉的小车和牛拉的大车，小车为贵族专用，并用于战争，称为"战车"，而大车则拉货。战国初期，战车数量竟成了衡量国家强弱的标志。到了西汉，车的造型来了一次更新换代，单辕车变成双辕车，车已不直接用于战争，而成为统治者权力的象征和便捷的交通运输工具。官僚出门要有车队，官职高低乘坐的车的标准也不一样。皇帝出巡，要坐横杆上立着"凤凰"、车厢上撑着美丽华盖的"金银车"。一般官吏坐"轺车"，它华盖普通，车厢四面敞露。宫廷贵妇坐"辎车"，车厢密闭，像一间小屋子。东汉末年，贵族们又爱上了牛车，因为牛行走缓慢，坐起来稳当舒服。邮票画面上是唐代贵族妇女乘坐的木轮牛车，乘车人从车后揭帘进出车厢，车上作高蓬，两重顶，即使在沙漠烈日中行车，也可遮挡炎阳又能通风。而在气候温和的平原地带，坐此车更可高枕无忧。跟在车后那位手持团扇的为侍女。

伟大的祖国古代发明
——第四组

发行日期：1953.12.1

4-1　　　　　　　　　　　　4-2

4-3　　　　　　　　　　　　4-4

（特7）

4-1（62）司南·战国　　　800元　　　500万枚

4-2（63）地动仪·东汉　　800元　　　500万枚

4-3（64）记里鼓车·晋　　800元　　　500万枚

4-4（65）浑仪·明　　　　800元　　　500万枚

邮票规格：38 mm×22 mm

齿孔度数：14度

整张枚数：96枚

版　　别：雕刻版

设计者：孙传哲、夏中汉

雕刻者：吴彭越、刘国桐、李曼曾、林文艺

印刷厂：北京人民印刷厂营业分厂

全套面值：3 200元

知识百花园

中国是世界上文明出现最早的国家之一，已有近4 000年有文字可考的历史。几千年来，勤劳勇敢的我国各族人民创造了光辉灿烂的古代科学文化。指南针、造纸术、印刷术和火药等的伟大发明对世界文明的发展作出了重大的贡献。同时，随着我国和世界各国人民之间文化科学交流的日益开展，世界各国的科学技术成就不断传入我国，也影响和促进了我国古代科学技术的发展。

邮票解析

图4-1【司南·战国】《管子·地数》载："山上有慈石（即磁石）者，其下有铜金。"这是世界上有关磁石的最早记载之一，说明春秋战国时我国人民对磁石已经有所了解，并在开矿和冶炼中，发现了天然磁石的指极性，司南就是利用磁石特性而制成的一种指示方向的仪器。《韩非子·有度》中载："先王立司南以端朝夕。""先王"泛指尧、舜、禹、汤、文、武，"端"是"定"的意思，而"朝夕"指东和西，也就是方向。《鬼谷子·谋》中也有"郑人之取玉也，载司南之车，为其不惑也"的记述，即是说郑国人去采玉也带着司南，以防止迷路。这都说明，司南在战国时期已经问世，且被应用。司南作为现代罗盘的祖先，它究竟什么样？东汉王充在《论衡·是应篇》中描绘道"司南之杓，投之于地，其柢指南。"即是说把一块天然磁石琢磨成圆底的勺子，放在极为平滑的"地盘"上，待它自由转动后静止下来，勺柄就会指向南方。"地盘"为方形，多为光滑的铜质盘

子，四周刻有八干（甲、乙、丙、丁、庚、辛、壬、癸）、十二支（子、丑、寅、卯、辰、巳、午、未、申、酉、戌、亥）和四维（乾、坤、巽、艮），共24个方位，以便准确定位，标明方向。这种指南构是我国古代劳动人民发明的指南针中最早的一种。北宋初年，据《武经总要》记载，人们又用磁化的钢片制成指南鱼，进而又用木刻制成指南龟，它们不用"地盘"，放在水中便可指示方向。后来，人们又用一根钢针，放在磁铁上磨，使之变成磁针。北宋著名科学家沈括在《梦溪笔谈》中专门介绍了他使用磁针的4种方法，即：水浮法、指甲旋定法、碗唇旋定法、缕悬法，这是世界上指南针使用方法的最早记录。司南最早用于航海，促进了对外贸易的兴旺。大约12世纪末到13世纪初，中国指南针传入阿拉伯以及朝鲜、日本、南洋诸岛、印度洋沿岸和欧洲。现在，罗盘制作已十分精巧、准确，使用更为方便，在工农业生产、科学研究、国防建设备方面都得到了更为广泛的应用。邮票画面即是根据文献资料制作的汉代司南的复制模型。

图4-2【地动仪·东汉】在公元25-220年间的东汉时期，京都洛阳曾连续发生地震，身为太史令的著名科学家张衡目睹了地震给人们带来的灾难，所以就想将灾情详细记载下来。历经多年的苦心思索和研究，于公元132年制造出世界上第一台观测和记录地震的仪器，称为"候风地动仪"。《后汉书·张衡传》载："阳嘉元年，复造候风地动仪。以精铜铸成，圆径八尺，合盖隆起，形似酒樽。中有都柱，傍行八道，施关发机。外有八龙，首衔铜丸。下有蟾蜍，张口承之。其牙机巧制皆隐在樽中，覆盖周密无际。如有地动，樽则振，龙机发吐丸而蟾蜍衔之，振声激扬，伺者因此觉知。虽一龙发机而七首不动，寻其方向，及知震之所在。"地动仪制成后，安置在京都洛阳，公元138年1月3日地动仪反应出地震，而洛阳城却无人知觉。《后汉书·张衡传》说："尝一龙机发，而地不觉动，京师学者，咸怪苦无征。后数日驿至，果地震陇西（甘肃），于是皆服其妙。"张衡的地动仪既能测出地震，又能测出其方向，开创了人类使用仪器观测地震的新纪元。欧洲至1880年前后才有地震仪，其原理和张衡的地动仪大致相似，但却晚了1 700多年。自19世纪后，《后汉书》中关于地动仪的记述，已被译成多国文字，中外学者对张衡地动仪的原理和构造，进行了深入研究，给予很高的评价，他们一致认为，尽管现代地震仪种类繁多，并采用遥控观测和磁带记录等先进技术手段，但张衡的地动仪，却是他们的鼻祖。邮票画面上即是由我国专家复原的现陈列在中国历史博物馆的候风地动仪。

图4-3【记里鼓车·晋】记里鼓车又叫"大章车""记道车",最早在西汉刘歆的《西京杂记》卷5中便有记载,表明那时已经有了极为复杂的齿轮传动系统。关于它的制造,在《宋史·舆服志》中叙述颇详,一是宋天圣五年(1027)卢道隆所制;二是宋大观年间(1107-1110)吴德仁所制。其结构为整个齿轮系统是与车轮同行同止的,只要车轮一转,整个齿轮也跟着转;车轮一停,全部齿轮也随着停止。足轮直径6尺,转一周车行18尺,足轮转100周,车行180丈,恰合1里之数。足轮、下平轮、旋风轮和中平轮等4个齿轮的齿数分别是18、54、3、100,车行1里,100×18/54×3/100=1周,中平轮只转一周。在中平轮的轴上装着一个起凸轮作用的拨子,拨动木人的手臂,就可以使木人击鼓一次。如果再加上一个10齿的小平轮和一个100齿的上平轮,每当车行10里的时候,上平轮才能转一周,它上面的拨子拨动另一个木人的手臂,使木人击镯一次。记里鼓车充分体现了2 000年前我国机械工程技术的高超水平,是我国劳动人民聪明智慧的又一结晶。邮票画面即是存放在中国历史博物馆的记道车复原模型。

图4-4【浑仪·明】浑仪是观测天体球面坐标的仪器,它由多重同心圆环所组成,各环间的相对位置固定,其整体可绕极轴东西旋转。内层有窥管,可以在双环内转动,能随意指向天空任何一点,其主要用途是测定昏、旦和夜半中星辰及天体的赤道、黄道、地平、白道等不同坐标系统的坐标值。它最原始时只由赤道环和四游环组成。东汉时,傅安和贾逵又加上一个黄道环,张衡又装上了地平环和子午环,并用水做动力,推动复杂的齿轮系统传动,叫作"水运浑天仪"。后来,北宋沈括又取消了白道环,苏颂则增加了二分环、二至环。由于浑仪的不断改进,结构越来越复杂,使得整台仪器运转不灵,操作不便,校正组装困难。元代的郭守敬于至元十三年(1276)对浑仪进行了简化改造,制备了简仪。他把浑仪一重套一重的同心圆环装置全部拆散,去掉黄道坐标环组。分别设立各自独立的赤道坐标装置和地平坐标装置。从而使之不但使用方便,而且观测更为准确。1900年,八国联军入侵北京,古观象台上的明清天文仪器被德法侵略者所洗劫。法军将简仪藏于法国公使馆内,两年后(1902年)迫于舆论压力才归还我国。被德军掠去的包括浑仪在内的5件古仪器在1921年4月7日终于回到了祖国。邮票画面即是现藏于南京紫金山天文台,于明英宗正统二年至七年(1437-1442)按照北宋浑仪原型仿制的浑仪,系用青铜浇铸,重达10.15吨。

伟大的祖国古代文物
——第五组

发行日期：1954.8.25

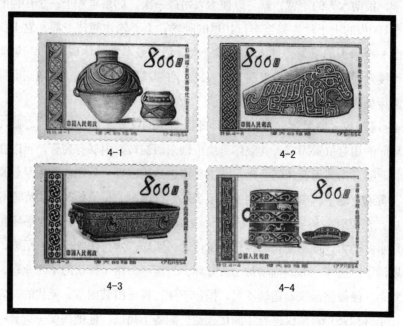

（特9）

4-1（74）彩陶罐·新石器时代　　800元　　500万枚

4-2（75）石磬·商代　　　　　　800元　　500万枚

4-3（76）虢季子白盘·西周　　　800元　　500万枚

4-4（77）漆奁、漆羽觞·战国　　800元　　500万枚

邮票规格：36.5 mm×22 mm

齿孔度数：14度

整张枚数：96枚

版　　别：雕刻版

设计者：孙传哲、夏中汉

雕刻者：贾炳昆、高品璋、贾志谦、刘国桐

印刷厂：北京人民印刷厂营业分厂

全套面值：3 200元

知识百花园

我国是一个具有久远历史的文明古国，在人类历史的长河中，我们的祖先遗留下了极为丰富的文物。我们通过对文物进行保护来学习祖国的历史，普及历史知识，总结和继承珍贵的历史遗产，宣传和弘扬祖国的古老文化。这对于提高整个民族的文化水平，增强民族自信心和自豪感，为国家的社会主义建设服务，均有重要意义。

邮票解析

图4-1【彩陶罐·新石器时代】陶器的发明是人类社会发展史上划时代的标志，它是人类最早通过物理、化学变化，将一种物质变成另一种物质的创造性活动。

邮票画面上左边的一个彩陶罐属于马家窑文化半山类型，小口、鼓腹、小平底、腹部有对称的小环耳。腹的上半部绘满黑彩，构图比较复杂，中间为大螺旋纹，黑色锯齿纹边。右边那件小双耳罐属于马家窑文化马厂类型，马厂类型是由半山类型发展而来的。该罐双耳、大口，腹部绘满菱形纹。彩陶罐用黏土作原料，并全系手工操作制成，因此比较粗糙。陶器的诞生，为以后殷周青铜器的问世，提供了发展条件。

图4-2【石磬·商代】磬是我国一种古老的打击乐器，多用玉、石制作，也有用铜作成的。古籍上说"其音锵锵锒锒"，沉重浑厚，近于铜声。单个的磬叫特磬，能单独演奏；还可以把大小形状不一的单磬排列成组，称为编磬，可发出醇美的"金石之声"。石磬最早用于远古先民的乐舞、祭祀、宴庆活动。

邮票画面上的商代石磬，是1950年从河南安阳武官村的商代晚期奴隶主大墓中出土的，长82.8厘米，高42厘米，厚2厘米，用青白大理石制成，正面雕刻着一只猛虎，背面有虎纹图案，因此又名"虎纹石磬"，磬上穿孔，其声悠扬动听，是一件颇为完美的古石磬。

图4-3【虢季子白盘·西周】盘为商周时期宴飨用的盛水器，那时宴会前后要举行盥洗之礼，洗手时用盉倒水，以盘承接弃水。战国以后，盥洗之礼渐废，盘亦逐渐不用。商代以前盘为陶制。商代早期出现了青铜盘，到商代晚期才逐渐流行。邮票画面上的虢季子白盘是西周晚期的作品，距今已有2 800多年了。该盘长方形，长137厘米，宽86.5厘米，高39.5厘米.重215.5千克，四周满雕花纹，有衔环，兽首8个，盘内铭文为111个篆字，记载着虢国（现陕西宝鸡县）贵族季子白打退外族侵略的故事：周宣王（前1827——前782）时，北方强族俨狁兴兵作乱，进犯西周，效忠宣王的虢国贵族季子白率部前去迎战，大败俨狁，凯旋而归，受到宣王的重奖。季子白于周宣王12年正月初的丁亥日，特制此盘，铭刻其事，以为纪念。　　狁，商代称鬼方、土方，西周称俨狁，东周称北狄，战国、两汉称匈奴，一直是我国北方的强族，对中原地区经常进行骚扰。虢季子白盘的铭文内容可和诗经中的《采薇》《六月》《出车》《采苞》等篇中所记的史实相互印证，是研究西周晚期与北方游牧民族的关系以及北方历史地理的重要史料。

该盘于清道光年间，由陕西宝鸡虢川司的一个农民从地下掘出，用作饮马的水槽。有一天，邱县县令徐燮钧路过见之，便收购携回珍藏在常州老家。太平军攻下常州，此盘又为护王陈坤书所得。同治初年，清军淮将刘铭传攻陷常州，得此盘，运回老家安徽省肥西刘老圩。后光绪帝的老师翁同龢想得此盘，未果。美、法、日等国有人也想出重金收购，均遭拒绝。1938年，军阀李品仙统治安徽，对此盘垂涎三尺，亦未得逞。接着合肥县县长隆武功又接踵而至，派人在刘家掘地三尺，仍一无所获。1949年安徽省解放后，北京政务院立即责成皖北行署寻找该盘下落，刘铭传的第4代孙刘肃毅然将此盘献给国家。1950年1月19日，他从家中一间人迹罕至的破旧小屋里，将此盘挖出来，亲自送到北京。至此，虢季子白盘在刘家已传4代，近90年。1950年2月5日，新华社报道了这一消息，引起很大轰动。3月，在北京北海公园承光殿举办特展，党和国家领导人纷纷前来参观。郭沫若、沈雁冰、郑振锋、韩幽桐与刘肃曾在殿前合影留念，当晚在北京饭店宴请了刘先生。郭老即兴挥毫，在一张长28厘米、宽17.5厘米的宣纸上题诗一首："虢盘献公家，归诸天下有。独乐易众乐，宝传永不朽。省却常操心，为之几折首。卓卓刘君名，传诵妇孺口。可贺孰逾此，寿君一杯酒。"现在此盘在中国历史博物馆珍藏。

　　图4-4【漆奁·漆羽觞·战国】我国漆器历史悠久，在新石器时代的河姆渡遗址中，便有漆器残片出土。商周的漆器有盘、瓠、罍等器形，并有了用蚌片镶嵌的早期螺钿漆品，战国时代漆器种类更加繁多，工艺制作更加精美。邮票画面上两件漆器是1952年在湖南长沙颜家岭35号楚墓出土的。左边一件是狩猎纹漆奁，器高12.8厘米，口径11.2厘米。奁是妇女化妆用的镜匣，泛指匣盒一类的盛物器具。在制作过程中先用薄木片卷成筒状器身，下接平板为底，待器形固定后再髹漆彩绘。这件漆奁从上至下图案共分5层，上、中、下为变形鸟纹和云气纹饰。2层为狩猎图，左边猎人持戟矛，右边猎人引弓射箭，中间为奔突的野牛，右边还有两兽，在据地而斗。第4层为动物纹，有走凤、奔鹿、双鹤争食、儿童牵犬等。邮票画面右边那件为漆羽觞。羽觞就是耳杯，是战国、两汉时流行的酒杯，唐代李白在《春夜宴从弟桃花园序》中便有"开琼筵以坐花，飞羽觞而醉月"之句。木胎用整块木料旋制雕琢成形，表里打磨光洁，然后髹漆彩绘，一般绘云纹和变形云纹。战国中期，开始使用"脱胎法"制作夹胎漆器，即用多层麻布或缯帛制作器胎，使之轻巧，漆液渗透性好，黏附力强，这种羽觞更受人们喜爱。

彩陶罐

东汉画像砖

发行日期：1956.10.1

4-1   4-2

4-3   4-4

（特16）

4-1（109）井盐生产   4分   1 200万枚

4-2（110）住宅建筑   4分   1 200万枚

4-3（111）射猎农作   8分   1 800万枚

4-4（112）马车过桥   8分   1 800万枚

邮票规格：37 mm×22 mm

齿孔度数：14度

整张枚数：96枚

版　别：雕刻版
设计者：孙传哲
雕刻者：孔绍惠
印刷厂：北京人民印刷厂营业分厂
全套面值：0.24元

知识百花园

画像砖，是用黏土印模烧制而成的实心砖，印模上有阴刻的线条和凸入的体面，印在砖面上可以形成一幅浮雕；或像刻石一样直接在砖面上刻出画面。它既是建筑结构的一部分，又是一种装饰品。从四川地区一些东汉大墓中出土的画像砖，形状有方形和长方形几种，有的还着有色彩，其中方形较大，边长有40多厘米。砖面图案多表现战争、狩猎、饮宴、舞乐、劳作等生活场面。画像砖在结构、造型和线条的运用上，达到了质朴雄劲、生动优美的境界，具有朴素、写实、活泼的特色，有极高的艺术价值，是我国古代劳动人民智慧的结晶，是古典现实主义的艺术珍品。为了反映我国汉代丰富多彩的砖刻艺术，展示这一珍贵的文化遗产，邮电部发行的这套《东汉画像砖》特种邮票，4幅画面均依据从四川成都附近出土的东汉画像方砖而进行设计的。

邮票解析

图4-1【井盐生产】我国井盐生产历史悠久，到汉代已相当发达，从这块1956年在四川羊子山出土的《井盐生产画像砖》上，可以看到左下角是一个盐井的汲卤塔，4人在拉动天车上的辘轳，汲取盐卤；右下角是煮盐的锅灶，一人在灶口烧火；山前，有人背着盐包，把生产出来的井盐运送出去；远处山坡上树木林立，群兽出没，几个猎人狩猎其间。这个井盐生产图，场面很大，内容复杂，但由于安排恰当，采用剔边的方法勾出山峦的轮廓，用线条表现树木、井架等，用浅浮雕表现人物、野兽、锅灶，因此使得占据整个画面的山头的高低、远近层次分明，而其他景物虽然只占画面的一角或分散在山坡上，其形象却仍很清晰逼真。画面生动而细腻地反映了当时井盐的生产情景和生产环境。

图4-2【住宅建筑】票图取材于成都市郊出土的一块墓室画像砖，原名《庭院》。一座四方形的庭院住宅呈"田"字形布局，其右下部的院舍内置有井栏和炉灶等；右上部则矗立着一座高大的望楼，楼下有一猛犬，一个役仆正在劳作；左上部的宽敞正房内，宾主正相对盘坐对饮，并观赏着庭院中白鹤的起舞；而左下部的院子里，两只红了眼的雄鸡正在伸颈撕斗，这种斗鸡画面，正是汉代民间戏鸡待客风尚的真实写照。这块砖面画采取了俯视的角度，使整个住宅布局都呈现在人们面前。整个画面的建筑物，用粗细直线来表现，显得真实美观，有立体感。在院舍的空间里安排了人、犬、鹤、鸡，增加了生活气息，足见制作者的独到匠心和极妙手法。

图4-3【射猎农作】票图取材于1956年在四川羊子山出土的《弋射收获画像砖》，其上半部描绘的是池边弋射的情景，两位猎手引弦搭丸，仰山而射，一群水凫仓皇飞散于空中，整个画面充满动感；下部为收获图，三位农夫弯腰割取稻穗，另两人高高举起镰刀砍割稻茎，另一人则荷担提罐，似为送饭送水者，整个画面是当时农作生活的真实写照。这幅画像砖采取分格的办法表现两个不同内容的场面。

图4-4【马车过桥】票图取材于成都市郊东汉墓室中出土的《辂车过桥画像砖》。在一座多柱木梁平桥边，一辆双马辂车疾驰过桥，车上2人，一为主人，一为车夫，车旁有侍者1人骑马紧紧护送跟随。桥下的木桩成排，根根挺立，清澈河水，潺潺东流，表现了汉代贵族乘车出行的情景。

东汉画像砖

剪纸

发行日期：1959.1.1

4-1　　　　4-2　　　　4-3　　　　4-4

4-4

（特30）

4-1（154）骆驼　　　8分　　　800万枚

4-2（155）石榴　　　8分　　　800万枚

4-3（156）公鸡　　　8分　　　800万枚

4-4（157）戏剧人物　8分　　　750万枚

邮票规格：18.5 mm×23 mm

齿孔度数：14度

整张枚数：150枚

版　别：胶雕版

设计者：孙传哲

雕刻者：高振宇、高品璋、宋广增、贾炳昆

印刷厂：北京人民印刷厂

全套面值：0.32元

知识百花园

剪纸是用刀剪纸张来完成的艺术创作，又叫刻纸、窗花或剪画，是我国人民喜闻乐见的一种民间艺术。

为表现我国的剪纸艺术，邮电部发行了这套《剪纸》特种邮票，4幅图案均为我国著名画家并担任过中央工艺美术学院院长的张仃教授，在抗日战争年代里创作并珍藏下来的陕北剪纸作品，乡土气息极浓，具有我国北方剪纸纯朴、浑厚、豪放、粗犷的鲜明特色。

邮票解析

图4-1【骆驼】为哺乳纲，骆驼科。头小，颈长，体躯大，毛褐色。眼为重睑，睫毛很长。鼻孔斜开，可随时闭合。耳中长毛，可避风沙。四肢细长，二趾，蹠有厚皮肉垫，可免陷入沙中。尾细长，尾端有丛毛。背有肉峰1～2个，内蓄脂肪。胃分三室，第一胃附生20～30个水胪，有贮水防旱之功。性温驯而执拗，食粗草及灌木。能负重致远，在沙海疾走，号称"沙漠之舟"。寿命约30年。单峰驼饲养于阿拉伯半岛、印度及北非洲；双峰驼产于我国及中亚细亚。尚有野生者，体较大，四肢较短。骆驼除了供人驮、骑外，还可用来拉车及利用其毛、皮、肉等。邮票画面即是一头双峰驼的形象。

图4-2【石榴】又名"安石榴"，为落叶灌木或小乔木。有针状枝。叶对生，倒卵形或长椭圆形，无毛。夏季开花，花红似火，亦有黄色或白色的。果实为球形浆果，秋季成熟，内部由薄膜状心皮壁隔离为数室，所谓"十房同膜，千子如一"。种子外皮半透明，肉质多汁。性喜温暖湿润，用扦插、压条、分株、嫁接等法繁殖。原产伊朗及其附近地区，我国南北各地普遍栽培。种子内质层供鲜食或加工成清凉饮料，有"御饥疗渴，解醒止醉"之功效。果皮性温，味酸涩，主治久泻久痢、下血脱肛、崩漏带下等症。石榴是多子多孙、幸福美满的象征，深为人们所喜爱。邮票画面为果盒中两个鲜桃簇拥着一颗石榴。

图4-3【公鸡】鸡为鸟纲，雉科。喙短锐，有冠与肉髯。翼不发达，脚健壮，善啼，羽毛艳美。蹠后有距，喜斗。现在世界了有鸡73种。我国有名的如山东的寿光鸡，江苏如东、南通一带的狼山鸡，江西的泰和鸡，北京油鸡等。邮票画面为一

只昂首挺胸，啼鸣报晓的雄鸡形象。

　　图4-4【戏剧人物】戏剧有独幕剧和多幕剧。按题材分，有现代剧、历史剧、儿童剧、神话剧等。按表演形式分，有戏曲、话剧、歌剧、舞剧、木偶剧、滑稽戏等。按它所反映的冲突性质和感染作用分为悲剧、喜剧和正剧三种基本类型。邮票画面为戏剧《三娘教子》中手拿书本，正襟危坐，正在教育子女的母亲形象。

石榴

唐三彩

发行日期：1961.11.10

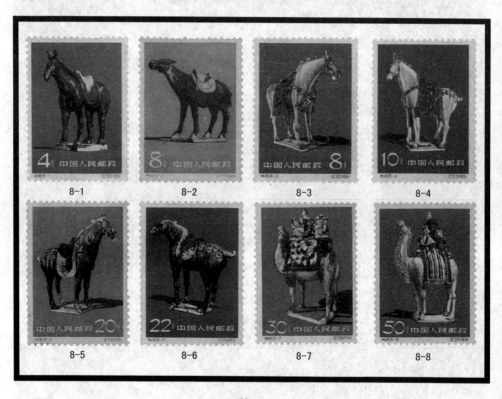

（特46）

8-1（230）驴	4分	500万枚
8-2（231）驴	8分	900万枚
8-3（232）马	8分	900万枚

8-4（233）马　　　　10分　　　　400万枚

8-5（234）马　　　　20分　　　　300万枚

8-6（235）马　　　　22分　　　　150万枚

8-7（236）骆驼　　　30分　　　　150万枚

8-8（237）骆驼　　　50分　　　　150万枚

邮票规格：26.5 mm×30 mm

齿孔度数：11.5×11度

整张枚数：50枚

版　　别：影写版

设计者：卢天骄

印刷厂：北京邮票厂

全套面值：1.52元

知识百花园

我国是瓷器的故乡。早在3 000多年前的殷商时代，我国人民已经在陶器制造基础上，发明了原始瓷器。

彩瓷制作起于唐朝。唐三彩即是一种著名的彩瓷，在无色釉的白胎上，用黄、绿、青等色，画成素雅的花纹，烧制成瓷。由于釉质流动浸润，色调深浅不同，因而形成斑驳绚烂的艺术效果。其造型大致为两类，一类是各种生活器皿，如壶、杯、瓶、罐、盘、碗等；另一类是人俑和动物俑，如家畜、家禽、骆驼、狮子。这两类造型多用于随葬品，在河南洛阳和陕西西安的墓葬中出土最多，在山西和湖南、湖北的墓群里也偶有发现。据考证，唐三彩流行于唐高宗至唐玄宗时期，以开元、天宝年间（713－756）为最盛。唐三彩的出现，为宋、元、明、清的青花、斗彩、五彩、粉彩、釉里红、珐琅彩等多彩陶瓷的出现开辟了道路，因而在我国陶瓷史上占有重要地位。邮电部发行的这套《唐三彩》特种邮票，8幅画面均为三彩陶瓷中的精品，形态逼真传神，装饰华丽生动。

图8-1【驴】1955年出土于陕西省西安东郊十里铺337号唐墓。驴身釉色青黑，鞍鞯绿黄，神态平和、安详，十分逼真地表现出毛驴静止伫立时的情态。

图8-2【驴】1956年出土于陕西省西安小土门村唐墓。毛驴似在引颈鸣叫，又像在尽力嗅闻，憨态可掬。

图8-3【马】1957年出土于陕西省西安西郊南何村唐鲜于庭诲墓。马身黄白，绿毯为鞍，鬃毛剪成三花，脖颈向左扭曲，四肢粗壮，肌肉凸起，表现烈马的雄姿。

图8-4【马】1957年出土于陕西省西安西郊南何村唐鲜于庭诲墓。马身白中泛黄，鞍被绿中透白，马首高昂挺立，马尾紧紧收起，四蹄踟蹰不前，浑身上下有力，表现了机警强悍的小马神态。

图8-5【马】1957年出土于陕西省西安西郊南何村唐鲜于庭诲墓。马身棕黄，釉色流动，鬃毛分披；马鞍黄白加绿，表现出马的健壮、美丽。

图8-6【马】1957年出土于陕西省西安西郊南何村唐鲜于庭诲墓。马臀浑圆，马腹收起，马头高昂，四蹄蹬地，表现了一匹横越千里的名马英姿。

图8-7【骆驼】1959年出土于陕西省西郊中保村唐墓。驼俑高大，曲颈，挺胸。驼峰上置一平台，上有8人，其中7人奏乐，正面3人，分别操奏琵琶、横笛和排箫，侧面与背面4人，各演奏箜篌、笙、箫和拍板，中间少女在乐曲声中正表演舞蹈。人物神态各异，布局紧凑。

图8-8【骆驼】1957年出土于陕西省西安西郊南何村唐鲜于庭诲墓。驼俑通身棕黄，鞍毯棕、绿、白三色条状。驼上5人，其中1人居中昂首前视，1人弹奏琵琶，3人（背面2人）作击掌状，表现了塞外胡人的歌舞情况。

中国民间舞蹈（第一组）

发行日期：1962.10.15

6-1　　　　　　6-2　　　　　　6-3

6-4　　　　　　6-5　　　　　　6-6

（特49）

6-1（246）汉族花鼓灯舞	4分	300万枚
6-2（247）蒙古族鄂尔多斯舞	8分	500万枚
6-3（248）壮族捞虾舞	10分	200万枚

认识邮票中的艺术世界

23

6-4（249）藏族弦子舞　　　　　20分　100万枚

6-5（250）彝族朋友舞　　　　　30分　100万枚

6-6（251）维吾尔族手鼓舞　　　50分　100万枚

邮票规格：24 mm×33 mm

齿孔度数：12.5度

整张枚数：50枚

版　　别：凸版和胶版

设计者：卢天骄

原画作者：倪常明

印刷厂：北京邮票厂

全套面值：1.22元

知识百花园

《中国民间舞蹈》特种邮票共3组，每组6种，共18种，画面均采用我国画家倪常明创作的原画进行设计。这套邮票为第一组。

邮票解析

图6-1【汉族花鼓灯舞】汉族是中华民族的主要组成部分，由古代华夏族和其他民族逐渐发展而来，有近千年文字可考的历史。现居住在全国各地，主要聚居在黄河、长江、珠江三大流域和松辽平原。汉族民间舞蹈形式多样，流传广泛，内容丰富多彩。花鼓灯舞，流行于淮北地区。男角动作粗犷有力，多筋斗武伎；女角多执手帕、扇子作舞。表演形式主要有大场和小场两种。大场开始为男角扛女角出场，接着舞岔伞，最后是变换各种队形的大型集体舞；小场多是二三人表演的抢手帕、抢板凳等具有简单情节的舞蹈和歌舞小戏。邮票画面即是小场中抢手帕、抢扇子的场面。

图6-2【蒙古族鄂尔多斯舞】蒙古族系由两万年前的旧石器时代晚期生活在阴山山脉和萨拉乌素河流域的鄂尔多斯人及其他民族发展而来。现主要居住在内蒙

古、新疆、辽宁、吉林、黑龙江、甘肃、青海、河北、河南、云南等省。以从事牧业和农业为生。蒙古族舞蹈以振臂抖肩、矫健豪放为特色。鄂尔多斯舞，更是一种奔放热烈的舞蹈，一般是男女对舞，时而跪下，时而旋转，两肩和腰部随之相应扭动，动作健壮，节奏强烈，用以表现蒙古族人民欢快喜悦的情绪。邮票画面即为鄂尔多斯舞的对舞场面。这个舞蹈曾在1955年荣获第五届世界青年联欢节文艺比赛一等奖。

图6-3【壮族捞虾舞】壮族是我国少数民族中人数最多的一个民族。系由古代百越的一支发展而来，曾自称"布壮""布侬""布土""布僚""布越""布沙"等，解放后称"僮族"。1965年，按照周恩来总理建议，改"僮"为"壮"，称"壮族"。主要居住在广西、云南、广东、贵州等省。壮族有传统的歌舞和壮戏。捞虾舞是壮族的著名舞蹈之一，流行于广西壮族自治区德保县一带，原名"真姊捞虾"，又叫"太平歌"。壮族的习俗是每逢节日，都以跳捞虾舞来庆祝太平年。舞蹈表现壮族姑娘们在河边捞虾，遇见小伙子们在钓鱼，于是双方唱起山歌，以表达彼此爱慕之情。邮票画面即壮族姑娘正在捞虾对歌的场面，颇富生活气息。

图6-4【藏族弦子舞】藏族自称"博"，但居住在不同地区，又有不同称呼，如住在西藏的称"博巴"，住在川西的称"康巴"，住在青海、甘南的称"安多哇"等。现主要分布在西藏、青海、四川、甘肃、云南等省，以农业和畜牧业为生。藏族舞蹈以扬手舞袖，踏地为节为特点，并有传统藏戏流行。弦子舞是盛行于康南巴塘地区的藏族民间歌舞，节日之夜，人们搭起帐篷，点起篝火，青年男女，齐聚草坪，抖起长袖，边歌边舞，通宵达旦，情趣无穷。邮票画面即弦子舞的优美舞姿。

图6-5【彝族朋友舞】据考证，彝族与隋、唐时的乌蛮有渊源关系，元明以来称为"罗罗""倮罗"，自称"撒尼""阿西"等。现主要居住在云南、四川、贵州、广西等地，其中四川凉山彝族自治州约有70多万人。彝族有传统节日"火把节"，即从每年夏历6月24日起1～3天，人们衣着盛装，入夜点燃火把，奔向田间，驱除公害，并饮酒歌舞，尽欢而散。朋友舞，又叫"月琴舞"或"四弦舞"，舞时男舞者弹月琴与女舞者对舞，主要动作有蹁脚、扭腰、拍掌、转跳等，节奏鲜明，情绪热烈。有时，大家围成圆圈，由弹月琴者领先起舞，伴着琴声，大家忽进

忽退，时分时合，拍手旋转，琴声铮铮，欢声笑语，尽情欢乐，是青年男女结交朋友的好机会。

图6-6【维吾尔族手鼓舞】维吾尔族古称"回纥""回鹘""韦纥"等，是一个能歌善舞的民族。现主要居住在新疆和湖南。维吾尔族舞蹈以移颈动肩，热烈欢呼为其特点。手鼓舞是新疆维吾尔族的传统舞蹈，极为流行，因舞时需用手拍打手鼓而得名。手鼓是一种单面蒙羊皮的扁圆形小鼓。周边饰以小金属环。舞时，由男舞者击鼓领舞，女舞者随着鼓点的节奏变化而做出各种舞姿，它要求表演者有柔软的身躯、富于节奏感和手臂表现力，并具纯熟的击鼓技巧。该舞轻快灵活，表情细腻，充分表达出维吾尔族人民劳动后的欢快情绪。邮票画面即描绘了手鼓舞的旋律和舞姿，使人受到强烈的感染。

藏族舞蹈

中国民间舞蹈（第二组）

发行日期：1963.6.15

6-1　　　　　6-2　　　　　6-3

6-4　　　　　6-5　　　　　6-6

（特53）

6-1（261）布依族织布舞　　　4分　　　300万枚

6-2（262）哈萨克族双人舞　　8分　　　500万枚

6-3（263）鄂伦春族鄂伦春舞　10分　　　200万枚

6-4（264）高山族劳动舞　　　20分　　　100万枚

认识邮票中的艺术世界

27

6-5（265）苗族芦笙舞　　　　30分　　100万枚

6-6（266）朝鲜族扇舞　　　　50分　　100万枚

邮票规格：24 mm×33 mm

齿孔度数：12.5度

整张枚数：50枚

版　别：凸版和胶版

设计者：卢天骄

原画作者：倪常明

印刷厂：北京邮票厂

全套面值：1.22元

邮票解析

图6-1【布依族织布舞】布依族是由古代百越的一支发展而成，现主要居住在贵州省，以务农为生。该族具有传统蜡染工艺，制品十分精美，且精于刺绣、纺织，其图案新颖多样，色彩缤纷艳丽，极受欢迎。布依族舞蹈乡土气息浓厚，织布舞便是其代表之一。这个舞蹈虽为男女对舞，但其中多以女舞者为主，重点模仿纺织时的一系列动作，男舞者配合，往来交替，穿插舞步，再现了织布时的情景。邮票画面即描绘了正在织布穿梭时的舞蹈场面。

图6-2【哈萨克族双人舞】哈萨克族系由突厥、乌孙、契丹各部落的一部分和后来少数蒙古人，在长期的相处中发展而成的。主要居住在新疆、甘肃和青海。哈萨克族舞蹈以节奏迅疾、气氛热烈为特点。双人舞是其传统舞蹈之一，舞者以男方为主，手弹拨弦乐器"冬不拉"掌握节奏，女方随之踏步摆手或转起舞裙，热闹欢腾。邮票画面即描绘了这支舞蹈进入高潮的情景，令人陶醉。

图6-3【鄂伦春族鄂伦春舞】鄂伦春族解放前居住在内蒙古和黑龙江的草原和森林里，一直过着原始人的生活。他们没有文字，靠刻木、结绳记事，以狩猎为生，由大家推举的有经验的猎人"塔坦达"带领，生活水平低下贫困。解放后，鄂伦春族结束了游猎的生活方式，实行了定居，发展了多种经济，跨越了几个社会形态，走上了社会主义的道路。鄂伦春族舞蹈粗壮有力、热情豪放，这与他们的打猎

活动及长期生活在自然环境中有关。每当打猎归来，他们总是欢呼喊叫，手舞足蹈，庆祝一番。鄂伦春舞的情节取自狩猎生活，表现打猎的种种动作，既可男女对舞，又可群舞。邮票画面即描绘了鄂伦春舞的狩猎舞姿，表达了他们那种独特的生活方式。

图6-4【高山族劳动舞】高山族自称"百宛""朱欧""耶美"等，主要居住在台湾及其附近岛屿的高山上，也由此而得"高山族"之名。高山族以从事农业生产为主，兼有狩猎、捕鱼。其舞蹈主要反映劳动的情节，有的粗犷，有的细腻，有的豪放，有的抒情。劳动舞是高山族舞蹈的代表作品，表现了农民春种秋收的喜悦。邮票画面即为高山族的劳动舞，表现了高山族人民对生活的热爱和美好的感情。

图6-5【苗族芦笙舞】据考证，苗族系由古代夜郎部落及其他种族转化发展而来。现大部分生活在贵州，还散居在湖南、云南、广西、四川、广东等地，以农业生产为主。芦笙是一种由6根竹管组成的簧管乐器，深受西南地区的苗、侗、壮、水、彝等少数民族喜爱。其中一种舞蹈的方式是舞者围成圆圈，中间有2人吹着芦笙领舞，大家随着乐曲节奏和领舞者的舞姿一起跳；另一种是众人围成圆圈助兴，中间只由一对、二对或三对吹芦笙者边吹边跳，间有快速旋转、矮步、倒立等表演。吹芦笙者均为男性，女子择偶，常以芦笙吹得优劣为一项条件。邮票画面为苗家芦笙舞的典型动作。

图6-6【朝鲜族扇舞】1世纪，朝鲜半岛出现了高句丽、百济、新罗三国。14世纪末，李氏王朝代替了高丽王朝，改国号为朝鲜。19世纪中叶，朝鲜族开始从朝鲜迁来中国定居。主要居住在吉林、辽宁和黑龙江三省，其中以吉林省最多，有延边朝鲜族自治州和长白朝鲜族自治县。他们以从事农业生产为主，擅长种植水稻。朝鲜族是一个能歌善舞的民族，舞蹈动如柳丝，静如鹤立。由延边朝鲜族自治州歌舞团表演的扇舞，姿态轻盈，动作舒展，舞裙飘逸，柔和细腻，是朝鲜族舞蹈的代表作。邮票画面即朝鲜族扇舞的舞姿。

中国民间舞蹈（第三组）

发行日期：1963.6.30

（特55）

6-1（279）畲族婚礼舞　　　4分　　　300万枚

6-2（280）白族绕山林舞　　8分　　　500万枚

6-3（281）瑶族长鼓舞　　　10分　　　200万枚

6-4（282）黎族三月三舞　　20分　　　100万枚

6-5（283）佤族刀舞　　　　30分　　　100万枚

6-6（284）傣族孔雀舞　　　50分　　　100万枚

邮票规格：30 mm×39 mm
齿孔度数：12.5度
整张枚数：50枚
版　　别：凸版和胶版
设计考：卢天骄
原画作者：倪常明
印刷厂：北京邮票厂
全套面值：1.22元

知识百花园

这套特种邮票，为《中国民间舞蹈》系列邮票的第三组，6幅画面均为我国画家倪常明创作的原画。

邮票解析

图6-1【畲族婚礼舞】畲族自称"山客"，古称"畲民"。主要居住在福建、浙江两省。江西、广东和安徽也有分布，长期与汉族杂居，生活习惯受汉人影响较大。畲族以从事农业为主。畲族人对于婚庆非常重视，青年男女的婚礼，即成为畲族人的一次歌舞盛会。结婚仪式上，以新郎新娘为主，双方家人和来宾都要高歌狂舞一番，把新婚之喜悦推向高潮。邮票画面即描绘了一对新人正在对舞的场面，表达彼此的忠贞不渝和对新生活的渴望。

图6-2【白族绕山林舞】白族自称"白尼""白子"，与唐宋时代的"白蛮"有渊源关系。元明时代称"白人"或"僰人"。明清称"民家"，纳西语称"那马"，傈僳语称"勒墨"。主要居住在云南和贵州、湖南等省，其中以云南为多。有大理白族自治州。以农业生产为主。白族历史久远，有许多优美动人的神话传说。白族戏也很丰富，为表演与说唱的结合。白族舞蹈便多取自于这些传说故事和戏剧情节，具有自己的特色。流行于云南大理 一带的绕山林舞便是其中之一，这支

舞蹈过去曾被宗教利用，解放后经过改造加工成为明朗健康的形式。每年4月，为白族盛会之期，领舞者吹起嘹亮清脆的横笛，人们从四面八方涌来，边奏边舞，边跳边唱，行列长达数千米，极有气势。邮票画面即描绘了白族绕山林舞的典型舞姿。

图6-3【瑶族长鼓舞】据考证，瑶族由古代"长沙武陵蛮"发展而成，隋唐时称"莫徭"，宋以后称"徭"。现通称"瑶"。70%以上居住在广西，湖南、云南、广东、贵州也有分布。以农业生产为主，部分从事林业。瑶族的舞蹈以长鼓舞最为有名。长鼓为木制，长2尺左右，两头成喇叭口型，中间细，蒙羊皮。鼓有大、小两种，舞法也不尽相同，如用大长鼓，则系在身前，双手边击鼓边起舞；如用小鼓，则用左手握其中间细部，上下翻转舞动，右手随之拍击鼓面。舞姿或细腻柔和，或粗犷刚健，大多表现的是劳动生活。邮票画面即长鼓舞姿。

图6-4【黎族三月三舞】黎族由古越人发展而成。主要居住在海南岛的中南部，其次分布在广东、广西。主要从事农业生产。黎族能歌善舞，舞姿优美抒情。每年的阳春三月，大地回春，冰雪消融，春草发芽，万物复苏，正是黎族青年欢聚幽会的好时光。舞蹈三月三是以表现黎族青年爱情生活为主题的舞蹈，邮票画面即黎族三月三舞的精彩场面，是一对黎族青年恋人手执桂叶，肩擎遮阳伞，奔跑追逐的热恋情景。

图6-5【佤族刀舞】佤族自称"布饶"，集中居住在云南省内，主要以农业为生。佤族英勇强悍，有着光荣的斗争传统。1933年，英国殖民者侵占云南沧源县佤族班洪和班佬等部落共管的银矿，佤族在汉、傣等族人民的支持下，联合本族的十多个部落进行武装斗争，击溃了殖民者的侵略，维护了国家的主权和独立。刀舞表现了佤族人民反抗殖民侵略的斗争生活，舞姿挺拔雄健，其情绪果断炽热。邮票画面上的刀舞刻画了佤族人民的不屈形象。

图6-6【傣族孔雀舞】傣族古称"白衣""白夷""金齿"等，集中居住在云南省，西双版纳的傣族村寨更有名。主要从事农业生产，擅种水稻。傣族也是一个能歌善舞的民族，其舞蹈以轻盈柔美，翻手摆股为特点。泼水节是傣族的新年，即每年的阳历4月中旬，举行3～4天。这时候，人们互相泼水祝福，并举行划龙舟、放焰火、点花灯、歌舞等活动，欢声笑语，通宵达旦。孔雀舞是傣族最具代表性的舞蹈之一，傣族舞蹈艺术家刀美兰表演的孔雀舞在国内外享有盛誉。孔雀舞的内

容，多为表现孔雀飞跑下山、漫步森林、饮泉戏水、追逐嬉戏、拖翅、晒翅、展翅、抖翅、亮翅、点水、瞪枝、歇枝、开屏、飞翔等等。感情内在含蓄，舞蹈语汇丰富，舞姿富于雕塑性，舞蹈动作多是保持在半蹲姿态上的均匀颤动，身体及手臂的每个关节都有弯曲，形成了特有的三道弯舞姿造型。傣族地区，气候和自然条件适宜，孔雀较多，傣族人民把孔雀作为美丽、善良、聪明、吉祥的象征，对孔雀有着良好的印象和深厚的感情。邮票画面即描绘孔雀开屏时的舞姿。

瑶族长鼓舞

民间玩具

发行日期：1963.12.10

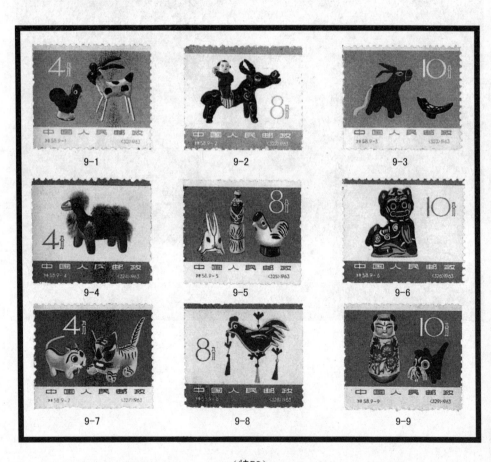

（特58）

9-1（321）鸡（泥，无锡）、羊（泥，北京）		4分	400万枚
9-2（322）春牛（泥，上海）		8分	600万枚
9-3（323）驴（布，蚌埠）、鸟（泥，青岛）		10分	300万枚
9-4（324）骆驼（布，北京）		4分	400万枚
9-5（325）白兔（布，北京）、棒棒人（木，邯郸）、			
公鸡（泥，北京）		8分	600万枚
9-6（326）狮子（泥，天津）		10分	300万枚
9-7（327）小虎（布，青岛）、大虎（布，北京）		4分	400万枚
9-8（328）花公鸡（麦秸，上海）		8分	600万枚
9-9（329）娃娃（泥、纸，石家庄）、虎（布，北京）		10分	300万枚

邮票规格：33 mm×22 mm

齿孔度数：11.5度

整张枚数：50枚

版　　别：胶版

设计者：卢天骄

印刷厂：北京邮票厂

全套面值：0.66元

知识百花园

　　民间玩具是工艺美术制品。它既具有美的观赏价值，使人赏心悦目；又具有实用性，通过玩耍有利于启发少年儿童的想象力和创造性，开拓他们的智力和视野。这套邮票所选取的民间玩具，其实物和资料均由李寸松和张仃两人提供，它们多是以泥土、布头为材料，以动物和人物为对象，运用丰富的想象，适当的夸张变形以及细腻的手法和创造力，从儿童纯洁无邪的心理特征出发，精心制作而成的。这些形象既朴实又活泼，憨态可掬并充满了天真和稚气的民间玩具，不仅成为少年儿童的亲密伙伴，也为广大成年人所喜爱。

图9-1【鸡（泥，无锡）、羊（泥，北京）】邮票画面为一对泥塑山羊和公鸡，似乎在亲切交谈。

图9-2【春牛（泥，上海）】邮票画面为一头泥塑壮牛，牧童侧坐在牛身上，牛在鸣叫。

图9-3【驴（布，蚌埠）、鸟（泥，青岛）】邮票画面为一只泥塑小鸟，一头布制毛驴，似乎在合唱。

图9-4【骆驼（布，北京）】邮票画面为一头布制骆驼，棕色驼毛撮撮披散，既潇洒又健壮。

图9-5【白兔（布，北京）、棒棒人（木，邯郸）、公鸡（泥，北京）】邮票画面为木制棒棒人饲养一只泥公鸡和一只布白兔，颇有农家田园的生活气息。

图9-6【狮子（泥，天津）】邮票画面为一头泥塑雄狮，它头上的花帽和身上的花纹既威武又可爱。

图9-7【小虎（布，青岛）、大虎（布，北京）】邮票画面为一对布老虎，大虎似在教育小虎，表现出母子亲情。

图9-8【花公鸡（麦秸，上海）】邮票画面为一只用麦秸编成的花公鸡，其艳丽的色彩和飘拂的装饰，具有节日气氛。

图9-9【娃娃（泥、纸，石家庄）、虎（布，北京）】邮票画面为一头布制小黑虎，在泥座纸胎的不倒娃面前，显得十分顽皮可爱。

殷代铜器

发行日期：1964.8.25

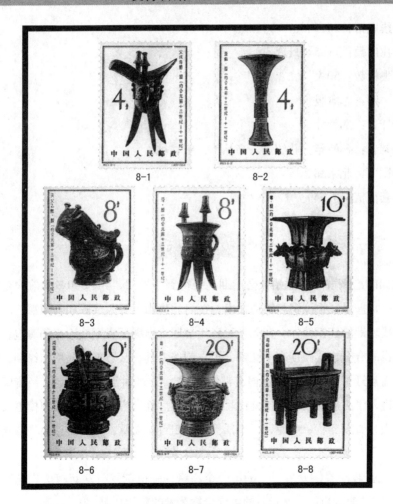

（特63）

认识邮票中的艺术世界

8-1（360）父戊舟爵	4分	300万枚
8-2（361）亚觚	4分	300万枚
8-3（362）夬父乙觥	8分	450万枚
8-4（363）斝	8分	450万枚
8-5（364）尊	10分	150万枚
8-6（365）戊箙卣	10分	150万枚
8-7（366）尊	20分	100万枚
8-8（367）司母戊鼎	20分	100万枚

邮票规格：26.5 mm×36 mm

齿孔度数：11.5×11度

整张枚数：50枚

版　　别：影雕版

设计者：邵柏林

雕刻者：孙鸿年、孔绍惠、高品璋、唐霖坤

印刷厂：北京邮票厂

全套面值：0.84元

知识百花园

　　我国的冶铜技术在原始社会后期已经得到了发明，到4 000多年前的夏代，人们就已经掌握了红铜冷锻和铸造技术，在河北唐山、甘肃武威和永靖都曾出土过新石器时代晚期的红铜铸件。在夏末和商代早期，出现了青铜的冶炼和铸造。青铜是红铜与锡的合金，其硬度高于红铜，用它制造工具和武器更加耐用和锋利。商代中期，自盘庚迁殷后，在安阳殷墟定都约280年，这一时期政治稳定、经济繁荣，商代文明进入了高度发展的青铜文化时期。商代后期，青铜铸造作坊规模更大，出现了一些大型青铜器物，如鹿鼎、牛鼎都有三四百千克重，司母戊鼎也是商代后期的产物。

　　殷代是我国青铜发展史上的第一个高峰，邮电部发行这套《殷代铜器》特种邮票，以8只铜器为代表展示我国古代青铜艺术的辉煌成就。

图8-1【父戊舟爵】 "爵"，读作"jue觉"，是古代一种极富特征的酒器和礼器。其状为下有三足，中部为杯，一侧有鋬（把手），前有流（倒酒的流槽），后有尖锐状的尾，流与杯口之间有柱，造型独特。"戊"，读作"wu务"。父戊舟，或人名，或族徽，或官名。商代晚期青铜器上出现了铭文，到商代末年，铭文则越来越长，最多的有40个字。

图8-2【亚觚】 "觚"，读作"gu姑"，饮酒器。《说文》："觚，乡饮酒之爵也；一曰觞受三升者谓之觚。"其状为喇叭型，侈口，束腰，高圈足。在殷商时流行，西周时逐渐衰落，多与漆木觚出现有关。"亚"，官名或人名。

图8-3【夬父乙觥】 "觥"，读作gong公"，又作横。《说文》："横，兕牛角，可以饮者也。"《诗·周南·卷耳》："始酌彼兕觥。"郑玄注："觥，爵也。"为流行于商代和西周早期的一种饮酒器。腹形椭圆或方，圈足，有鋬和流，有兽头形器盖，或整器呈兽形者，有的觥内附有酌酒用的小勺。邮票画面为椭圆腹，有兽头形器盖的觥。"夬"，读作"yi疑"。夬父乙，人名或官名。

图8-4【斝】 "斝"，读作"jia甲"，礼书上称为"散"。1957年从安徽省阜南县小运河出土。是殷代的一种盛酒器和温酒器，祭祀时，也可作为盛酒浇地的灌器。其状与爵相似，但它无尾无流，仅在口缘上有两根柱，有鋬和三足。

图8-5【尊】 尊，为商周时所用酒器。铜器铭文中，常将"尊"和"彝"联用，称为"尊彝"，尊像双手奉酉形，彝像双手献沥血的鸡，象征着以尊酒奉鸡来祭祀之意。尊在殷周是礼器的共名。邮票画面上的这只尊四角各有一只羊浮雕，出土于湖南省宁乡，是一侈口、方形器物。

图8-6【戊簠卣】 "卣"，读作"you有"，是殷代盛酒器。其状外形似壶，腹形椭圆，有盖和提梁，圈足。古有"秬鬯一卣"之句，"秬鬯"为祭祀用的一种香酒。"戊"，通钺，读作"yue月""簠"读作"fu服"，因该器外表铸有斧钺形和箭囊形两个象形字铭文而得名。

图8-7【尊】 该尊形似觚而中部较粗，口径较大，外表铸有龙、虎浮雕。1957年在安徽省阜南县小运河出土。

图8-8【司母戊鼎】 鼎是古代人用来做饭的炊具。最晚在新石器时期的原始社

会就有了陶鼎，多数为圆腹，三足，有的带盖，有的带双耳。奴隶社会以后进入青铜时代。出现了铜鼎，并有了方形、四足鼎。这时，除作烹煮肉食的炊具外，鼎还用来祭祀天地、祖先，有的作为随葬品，有的为纪念某件大事，有的作为女儿出嫁的随嫁品等等。鼎逐渐发展成为等级、权力和地位标志的一种器物，以"别上下，明贵贱"。邮票画面上的这只司母戊鼎，于1939年从河南安阳殷墟墓葬中出土。它是商王文丁为祭祀其母而铸的大鼎，长110厘米，宽78厘米，带耳高133厘米，重达875千克，鼎身和鼎足饰有兽形花纹，两耳上铸有两虎相向并张口争食一人头，形象凶恶。它是我国目前发现的殷代最大的青铜器。系用70多块陶范同时浇铸鼎身后，再与事先已铸好的鼎足、鼎耳铸接在一起的，需几百人协同动作才得以成功，它集中反映了商代冶铸技术的高超成就。

司母戊鼎

革命现代京剧《智取威虎山》

发行日期：1970.8.1-1971.12.24

6-1

6-2

6-3

6-4

6-5

6-6

（编1-6）

认识邮票中的艺术世界

6-1（1）杨子荣剧照	8分	3 000万枚
6-2（2）深山问苦	8分	3 000万枚
6-3（3）穿林海	8分	3 000万枚
6-4（4）发动群众	8分	3 000万枚
6-5（5）胸有朝阳	8分	3 000万枚
6-6（6）胜利会师	8分	3 000万枚

邮票规格：（1、3图）30 mm×40 mm、（2、6图）40 mm×30 mm、
（4、5图）31 mm×52 mm

齿孔度数：（1、3图）11.5×11度、（2、6图）11×11.5度、
（4、5图）11.5度

整张枚数：（1、2、3、6图）50枚、（4、5图）40枚

版　　别：影写版

设计者：杨白子

印刷厂：北京邮票厂

全套面值：0.48元

知识百花园

现代京剧《智取威虎山》是上海京剧院根据曲波的长篇小说《林海雪原》，并参考同名话剧改编创作的。曾于1967年5月9日至6月15日在北京参加了历时一个多月的会演，由此而被选定为"文化大革命"期间的八个"革命样板戏"之一。

1970年8月1日，为庆祝中国人民解放军建军节，宣传"革命样板戏"，交通部邮政总局发行了这套邮票。6幅图案均采用剧照进行设计，其中第1、3图于1970年8月1日发行，第2、4、5图于1970年10月1日发行，第6图于1971年12月24日发行，其间历时一年零五个月。

邮票解析

图6-1【杨子荣剧照】画面依据该剧第一场"乘胜进军"的一幅剧照进行设计。杨子荣是解放军某部侦察排长，他以大无畏的革命胆识，乔装成奶头山敌匪副

官胡彪，只身打入匪窟，经受各种试探，得到座山雕的信任，并及时送出情报。后又与曾被杨俘虏过的奶头山土匪小炉匠栾平相遇，杨与栾平对质，反使座山雕处死栾平。最后在百鸡宴上，杨与及时滑雪赶到的小分队会合，胜利完成聚歼顽匪的任务。邮票画面上杨子荣身披斗篷，目光炯炯，英姿勃勃，表现了孤胆侦察英雄的形象。事实上，杨子荣在林海雪原最后的斗争中，在捕捉匪徒"四大部长"的战斗中，中了匪首的无声手枪而壮烈地牺牲了。他所领导的侦察排被命名为杨子荣排，而他的精神和事迹也将在人间永存。

图6-2【深山问苦】画面依据该剧第三场"深山问苦"的一幅剧照进行设计。山中顽匪残忍凶狂，所到村屯，烧净杀光。猎户老常为了躲避座山雕匪帮的糟蹋杀害，在人迹罕至的偏僻山坳里盖了一间小草房暂住，其女儿为防匪徒伤害，女扮男装，充作哑巴，生活极为艰难穷苦。小分队进山后，发现了他们，经过杨子荣耐心细致的启发教育，终于使老常父女倾吐出郁积多年的心中苦水，他们怀着满腔的阶级仇恨，毅然带领杨子荣等去捉土匪"一撮毛"。邮票画面上，老常父女手持武器，毅然决然地给小分队带路，杀尽豺狼，讨还8年血泪账。

图6-3【穿林海】画面依据该剧第五场"打虎上山"的一幅剧照进行设计。侦察英雄杨子荣告别战友，肩负着党和部队的重托，登上威虎山，只身进入三代恶匪国民党旅长座山雕的营寨，以惊人的勇气和超人的智慧，战胜了老奸巨猾的座山雕，蒙骗了穷凶极恶的八大金刚，终于诱导了敌人，歼灭了这批顽匪。在审讯座山雕时，这个老狐狸哀叹道："没想到我崔某闯荡60年，倒落在你们八路军的一个排长手里。"邮票画面上，杨子荣迎风踏雪、策马疾驰，"为剿匪先把土匪扮，似尖刀插进威虎山"，表现了气冲霄汉的英雄气概。

图6-4【发动群众】画面依据该剧第七场"发动群众"的一幅剧照进行设计。杨子荣向威虎山出发后，203团首长少剑波立即率领全团战士进驻夹皮沟屯。这个饱受座山雕匪帮残害的村落一片凋敝荒索，已陷入穷困和饥饿的绝境。部队深入民间，关心群众疾苦。大力宣传党的方针政策，克服重重困难，使小火车起死回生，运出原木，换回粮食衣物。群众深受感动，全力支援剿匪部队一举歼灭匪徒座山雕。邮票画面上，装卸工人李勇奇唱道："山里人说话说了算，一片真心可对天！"表达了夹皮沟广大群众坚决支持部队消灭座山雕的决心。

图6-5【胸有朝阳】画面依据该剧第八场"计送情报"的一幅剧照进行设计。

离大年三十还有7天，八大金刚之首的大麻子准备带匪徒下山来一次屠杀抢劫。杨子荣不仅要立即联络群众早作准备，而更重要的是，要迅速把写在桦皮膜上毁灭座山雕老巢的计划送出去。腊月二十六，他趁拂晓装作闲逛，准备下山送情报。邮票画面上，在朝阳的光辉里，杨子荣唱道："这情报送不出误战机毁大计，对不起人民对不起党，除夕近万不能犹豫彷徨，刀丛剑树也要闯，排除万难下山冈。山高不能把路挡，抗严寒化冰雪我胸有朝阳。"表现了高度负责的革命精神和必胜的信心。

图6-6【胜利会师】画面依据该剧第十场"会师百鸡宴"的一幅剧照进行设计。山下的少剑波得到杨子荣的情报后，立即率领部队，在具有丰富山地经验的民兵队长李勇奇引导下，顶风冒雪，越岭翻山，像一支暗箭射向威虎厅。这时候，在杨子荣担任"司宴官"为座山雕60大寿摆设的百鸡宴上，匪徒们多已酩酊大醉，乱作一团。部队如神兵天降，仅仅用了20分钟便生擒座山雕，全歼众匪徒。邮票画面上，少剑波、杨子荣、李勇奇和小常宝欢聚一起，共祝胜利。战斗结束后，部队齐聚威虎厅，少剑波和智勇双全、浑身是胆的杨子荣紧紧握手长达3分钟之久，战友们把杨子荣高高抬起，齐声欢呼："英雄！英雄！"

革命现代舞剧《白毛女》

发行日期：1973.9.25

4-1

4-2

4-3

4-4

（编53-56）

4-1（53）贫农杨白劳的闺女——喜儿	8分	414.75万枚
4-2（54）盼东方出红日	8分	347.05万枚

4-3（55）愤怒诉说　　　　　　　8分　　405万枚

4-4（56）八路军战士——喜儿　　8分　　355万枚

邮票规格：（53、56图）31 mm×38.5 mm、（54、55图）38.5 mm×31 mm

齿孔度数：11.5度

整张枚数：50枚

版　　别：影写版

设计者：尹宝邦、杨白子

印刷厂：北京邮票厂

全套面值：0.32元

知识百花园

　　《白毛女》是反映劳动人民生活和斗争的一部大型歌剧，它的出现是我国新歌剧走向成熟的标志。剧本取材于抗日战争年代流行于晋察冀边区的一个民间故事：一个佃农的女儿因遭地主的迫害逃入深山，长年累月，毛发变白，群众偶尔见到，便传说为"白毛仙姑"。后来她所在的地方解放了，她才获得新生。故事在群众中广为流传，并且融入了其自身的思想和理想。1945年初，延安鲁迅艺术学院的文艺工作者在毛泽东文艺思想的指引下深入生活，发掘了这个故事，以它为题材进行歌剧创作。由贺敬之、丁毅执笔，马可、张鲁、瞿维、焕之等作曲。作者没有过分渲染原故事中的传奇色彩，既没有把它写成神话，也没有写成破除迷信的戏，而是紧紧抓住它的精神实质，努力发掘它所包含的尖锐的阶级斗争主题。"一方面集中地表现了封建黑暗的旧中国和它统治下的农民的痛苦生活，另一方面又表现了在共产党领导下的新民主主义的新中国（解放区）的光明，在这里农民得到翻身。"歌剧通过对典型人物喜儿和杨白劳的塑造，以及对地主黄世仁和狗腿子穆仁智的揭露和鞭挞，集中反映了旧中国封建社会最基本的阶级矛盾——农民对地主的斗争，并指出了解决矛盾的方法。

　　歌剧的语言、音乐及演出形式均具有鲜明的民族色彩，深为广大劳动人民所喜爱。紧密地反映了时代的要求，配合了现实斗争的需要，具有巨大而深刻的教育意义。因而，这部新歌剧所产生的震撼人心的力量，在几代中国人的内心中是深刻的，它不愧是解放区的一部优秀歌剧作品，是中国新歌剧的一个里程碑。1951年，该剧荣获斯大林文艺奖金二等奖。1950年改编拍成电影后，更产生了巨大的轰动效应，荣获1951年卡罗维·发利国际电影节特别荣誉奖。

芭蕾舞剧《白毛女》是"文革"期间上海舞蹈学校根据同名歌剧改编的，并于1967年5月9日至6月15日在北京参加了历时一个多月的会演，由此被选定为"文革"期间的八个"革命样板戏"之一。全剧除序幕外，共分八场，以杨白劳被逼死开始，至喜儿翻身解放去参军结束，反映了原歌剧的主题。1973年9月25日，为宣传"革命样板戏"，邮电部（该部于1973年6月恢复）发行了这套邮票，四幅画面均依据舞剧剧照进行设计。

邮票解析

图4-1【贫农杨白劳的闺女—喜儿】邮票画面选自该剧第一场"深仇大恨"的一幅剧照。图案展现了旧历除夕之夜喜儿从爹爹手中接过二尺红头绳，欢天喜地，手舞足蹈的形象，表现了喜儿的纯洁、天真和深厚的父女之情及对美好生活的渴望和追求。

图4-2【盼东方出红日】邮票画面选自该剧第四场"盼东方出红日"的一幅剧照。展现了喜儿在风雪交加的黑夜，盼望和坚信东方的黎明的到来，表达了被压迫被奴役的劳动人民渴望早日翻身解放的心愿和信念。

图4-3【愤怒诉说】邮票画面选自该剧第五场"红旗插到杨各庄"的一幅剧照。图案展现了喜儿见到了亲人，向大春、向人间愤怒控诉恶霸地主黄世仁的滔天罪行。

图4-4【八路军战士——喜儿】邮票画面选自该剧第八场"将革命进行到底"的一幅剧照。为了保卫胜利果实，保卫革命政权，翻身后的喜儿毅然拿起枪，参加了八路军。图案展现了喜儿紧握手中枪，投身革命、献身革命的豪迈姿态。

文化大革命期间出土文物

发行日期：1973.11.20

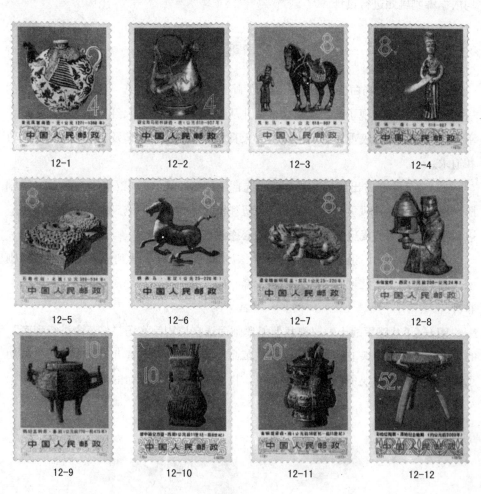

12-1 12-2 12-3 12-4

12-5 12-6 12-7 12-8

12-9 12-10 12-11 12-12

（编66-77）

12-1（66）青花凤首扁壶　　　4分　　　700万枚

12-2（67）鎏金舞马衔杯银壶　4分　　　700万枚

12-3（68）黑彩马　　　　　　8分　　　1 000万枚

12-4（69）泥俑　　　　　　　8分　　　1 000万枚

12-5（70）石雕柱础　　　　　8分　　　1 000万枚

12-6（71）铜奔马　　　　　　8分　　　1 000万枚

12-7（72）鎏金镶嵌铜砚盒　　8分　　　1 000万枚

12-8（73）长信宫灯　　　　　8分　　　1 000万枚

12-9（74）鸭纽盖铜鼎　　　　10分　　700万枚

12-10（75）曾中游父方壶　　　10分　　700万枚

12-11（76）青铜提梁卣　　　　20分　　650万枚

12-12（77）彩绘红陶鼎　　　　52分　　150万枚

邮票规格：31 mm×38.5 mm

齿孔度数：11.5度

整张度数：50枚

版　　别：影写版

设计者：吴建坤

印刷厂：北京邮票厂

全套面值：1.48元

知识百花园

　　文物是指遗存在社会上或埋藏在地下的历史文化遗物，它一般包括：与重大历史事件、革命运动和重要人物有关的、具有纪念意义和历史价值的建筑物、遗址、纪念物等；具有历史、艺术、科学价值的古文化遗址、古墓葬、古建筑、石窟寺、石刻等；各时代有价值的艺术品、工艺美术品；革命文献资料以及具有历史、艺术和科学价值的古旧图书资料；反映各时代社会制度、社会生产、社会生活的代表性实物；反革命的历史罪证等。出土文物则是专指从地下发掘出来的历代文物。"文革"初期，在极左思潮的泛滥下，红卫兵破"四旧"，使全国各地许多文化古迹遭到严重破坏，损失无法弥补。这套《出土文物》邮票的发行，不仅有利于宣传中华民族悠久的历史和灿烂的文化，而且也告诉人们，要继承和保护祖国珍贵的古代文化遗产，是对"文化大革命"破"四旧"野蛮做法的否定。所以，在"文革"尚未结束便能发行这样一套邮票，其意义是深远的。邮票画面以柔和的底色来衬托精美的文物，古色古香，形象逼真，画面简洁，主体突出，质感极强。主图下方横条卷草纹饰上的文字，在构图上发挥了稳定、装饰的作用。而面值的分布也灵活多变，堪称"文革"期间设计颇为出色的一套邮票。

邮票解析

图12-1【青花凤首扁壶】元、明、清是中国瓷器发展史上的极盛时代。这一时期产品之精、品种之多都超越了前代。瓷器的彩绘花样在元代有青花，明代有青花、斗彩、五彩。除此之外，清代又增加了粉彩、珐琅彩和墨彩等品种。所谓青花是一种白地蓝花瓷的专称，它是使用含钴的天然矿物原料为着色剂，应用笔绘技法烧制而成的明净典雅的白地蓝花釉下彩瓷器，纹饰永不脱褪，含有中国水墨画晕渲的韵味，展现了陶瓷美学中前所未有的新境界。据考察，青花发端于唐代，但直至元代才进入成熟期。元代以后，成为具有中国风格、气派的代表作，一直延续至今。邮票画面上的这把青花凤首壶，高18.5厘米，口径4厘米，足径8.3厘米×4.6厘米，是景德镇的代表作。1970年10月，在北京旧鼓楼大街豁口东元代窖藏出土。壶嘴作凤头状，腹部绘两翼，其下填以缠枝莲花，椭圆形小圆足，构思别致，设计巧妙。

图12-2【鎏金舞马衔杯银壶】鎏金是一种镀金的工艺。唐代的金银器饰很发达，特别是开元、天宝年间，社会风气奢靡，器物都用金银。现存的唐代金银器饰数量众多，仅1970年10月在西安南郊何家村（唐长安城兴化坊旧址）出土的唐邠王府的窖藏中，金银器就有270多件，这些玲珑剔透的金银器说明唐代的采冶、切削、抛光、刻凿等工艺技术已达到了较高水平。邮票画面上的这把舞马衔杯银壶通高18.5厘米，口径22厘米，足径8.8厘米×7.1厘米，是从邠王府窖藏里出土的金银器中的一件，其外形仿皮囊样，壶身两侧各雕刻一匹鎏金舞马，颈系飘带，口衔一杯，昂首扬尾，似作舞状。圆足内墨书"十三两半"四字。这一造型是唐代舞马中"屈膝衔杯应节，倾心献寿无疆"的场面。据《明皇杂录》中记载，唐玄宗时，宫

中驯养舞马400匹，"衣以文绣，络以金银，饰其鬃鬣，间杂珠玉"。每逢玄宗生日，便在兴庆宫大摆筵席，并把这些训练有素的马匹集中在勤政楼前，奏起音乐，表演马舞，而"衔杯"是马舞中难度最大的表演，一曲终了，舞马会口衔金杯跪拜，向"万岁爷"行礼祝寿。从这枚文物邮票上可以欣赏到这一情节。

图12-3【黑彩马】在唐代以前，我国陶瓷大多是单一的釉色。而所谓三彩是指多色，即在同一件陶器上，黄、绿、白或黄、绿、蓝、赭等釉色交错使用。三彩陶器是以白色黏土作胎，用含铜、铁、钴、锰等金属元素的矿物为釉料呈色剂，以铅的氧化物助熔，经800℃高温烧制而成的，由于釉质流动浸润，使之色彩斑斓，绚丽华美。而以人物和动物为造型的唐三彩又构成了富有特色的雕塑艺术。三彩陶器以西安、洛阳两地唐墓中出土最多。邮票画面上的这匹黑彩马高66.8厘米。1971年在河南洛阳关林唐墓中出土，除头部、马蹄及尾部为黄色外，通体都是黑色。马鞍绿色，釉色丰润，立马稍稍扭颈，神态逼真。牵马俑似在持缰，生机盎然。二者形神俱佳，相映成趣，是已发现的唐三彩中的佳作。

图12-4【泥俑】俑是中国古代陪葬用的偶像，一般多用木制或泥制，也有石雕的。我国的陶俑艺术可以追溯到远古，震惊世界的秦始皇陵兵马俑便是古人的一大杰作。而到了隋唐时期，更是盛极一时。新中国成立以后出土了大量的唐代陶俑，其中初唐时的女俑身材俏瘦，亭亭玉立；而到了中唐以后，便体态丰腴，俨然贵妇，反映了当时文化艺术的演变和审美观的变化。邮票画面上的女俑面部丰腴，眉清目秀，发髻高耸，两手合抱，系在腰间的带子随风飘动，使其形象更为逼真生动。

图12-5【石雕柱础】石雕在我国古代建筑装饰中具有重要地位，流传至今的不乏精品之作。邮票画面上的两件石雕柱础是屏风柱座，于1965年在山西大同市东郊石家寨村北魏司马金龙墓出土。每件高16.5厘米，32厘米见方，用浅色细砂石雕成。上部为扁鼓状，中间为柱孔，孔周雕成莲花形，周围是高浮雕的蟠龙和山形，下部方座饰以浮雕盘绕的忍冬、云纹和乐舞童子。并在四角各雕一个立体的乐舞童子，作击鼓、吹箫篪、弹琵琶、舞蹈等姿态。柱础造型优美，大方古朴，刀法洗练，玲珑精细，具有雄浑、华丽而又刚劲的装饰风格。

图12-6【铜奔马】1969年9月在甘肃省武威县雷台东汉墓出土了一大批铜俑，邮票上的铜奔马即是其中之一。它又叫马踏飞燕，长45厘米，宽10.1厘米，高34.5厘米。后经专家考证，马所踏的并非燕子，而是古代传说中的龙雀。龙雀又名风

廉，民间传说是一种神兽，来自西域，最擅长疾飞，因此又被称作"风神"，而这件铜奔马也被叫作马超龙雀。超龙雀的马也不是凡马，而是天马。此马头戴璎珞，尾梢打结，昂首嘶鸣，三足腾空，一足踏在龙雀上，而龙雀则作回头骇鸣状。东汉著名科学家张衡在《两京赋》中写道："龙雀蟠蛇，天马半汉"，天马踏着飞行疾速的风神龙雀，那必定是神马无疑。这件文物以丰富的想象力和浪漫主义手法，表现了作者的聪明才智和杰出的制作工艺。1983年，国家旅游局决定用这件驰名中外的古代艺术品作为中国旅游的标志，用神马奔腾象征着我国旅游事业的蓬勃发展。

图12-7【鎏金镶嵌铜砚盒】用金银镶嵌的工艺品，在西汉时已经出现。邮票画面上的这件铜砚盒长25厘米，宽13厘米，高9厘米。1969年5月在江苏省徐州市土山东汉墓出土，又叫嵌石兽形铜砚。形如青蛙，但头部又如狮似虎，额上两角，身长两翼，张口逼视，十分凶猛，恐即为古人所谓之"辟邪"。《急就篇》中说："辟邪除群凶。"古代知识分子把此物置于书案，大有避祸消灾之意。此砚自口部经下腹至臀部一剖为二，上为盖，下为砚盒，铜质鎏金，文饰精密，通体镶嵌近百颗红珊瑚、绿松石、青金石，虽深埋地下，历经千年，但仍金光闪闪，堂皇富丽，实为我国古砚中之珍品。

图12-8【长信宫灯】此灯是1968年在河北省满城县的陵山西汉中山靖王刘胜之妻窦绾的墓中出土的，因灯上刻有"长信"二字，故被称为"长信宫灯"。刘胜是汉武帝刘彻异母兄弟，中山国的第一代国王，其妻窦绾亦非等闲之辈，乃汉代鼎鼎大名的窦太后的近亲，他们都穿着金缕玉衣，其陪葬物也都是当时的精品。这件鎏金长信宫灯，通高48厘米，是集照明、装饰、防污染于一体的精美灯具。其外形为一个宫女跪着双手执灯形象，宫女左臂托灯座，右臂上举，袖口下垂形成灯罩，灯罩可以开合，灯盘可以转动，能随意转动照射方向和调节灯光亮度。宫女的右臂和身躯都是中空的，蜡烛燃烧时产生的烟顺着右臂进入体内沉积，不致弥漫空中，污染环境，全灯各部均可拆卸，便于清洗烟尘。长信宫灯是一件艺术性、科学性和实用性高度结合的罕见工艺品，充分表现出远在2 000多年前我国制灯技术的高超水平，它与同时出土的金缕玉衣一样，都为世界各国所惊叹。

图12-9【鸭纽盖铜鼎】春秋时代是我国历史上一个大变革时代，随着文化的发展，技术的提高，社会的进步，各种器物也都从粗壮笨拙，逐渐变得体型轻巧、纹饰精细。鼎，相当于现在的大锅，是一种烹饪器皿，多用于煮牲。邮票画面上的

这只铜鼎，造型玲珑精巧，鸭形纽盖逼真生动，改变了殷商、西周时期铜鼎那种威严、沉重的风格，是春秋时期青铜器的代表作品。

图12-10【曾仲游父方壶】壶是盛酒或盛水的器物，也是古代的礼器。《诗经》上有"清酒百壶"的诗句。壶有圆形、方形等状，盛行于春秋战国时期。邮票画面上的方壶，通高65.6厘米，于1966年7月在湖北省京山县郑家河水库出土。长颈，壶肩上有两个伏兽衔环，体形扁方，上口和下底均为长方形。有盖，盖上有高耸的莲瓣形装饰。盖边及颈中部各饰窃曲纹足一周，颈、腹饰环带纹和重鳞纹。壶上有曾仲游父自作器的铭文。这枚邮票下面的说明文字"曾仲游父方壶·西周"有误，据专家考证，此壶产于春秋，而非西周。

图12-11【青铜提梁卣】商代是我国奴隶社会的一个大发展时期，商代青铜器高度成熟的铸造技术，精密的造型设计，繁复的纹饰图案，都显示出我国古代工艺美术的光辉成就。而卣就是青铜器的一种，是用来盛酒的器物，古代文献和铜器铭文中常有"秬鬯一卣"的话，秬鬯是古代的一种香酒。邮票画面上的这把卣，带梁通高39厘米，1970年2月在湖南宁乡黄材公社出土。器形精致美观，口部用犀角做装饰，上面有两尾鱼纹，下面为虬纹，腹部是鸱鸮形象图案，风格神秘，反映了商代的文化色彩。

图12-12【彩绘红陶鼎】原始社会晚期，手工业和农业逐渐分离成为独立的生产部门，这时的制陶业从制作、烧造技术到经营管理模式都发生了深刻变化。陶制的三足鼎、斝、爵，袋状足的鬶、盉、鬲，圆足的豆等等都已经成为普遍使用的炊器、食器。在陶器未焙烧前以红、黑、白等简单色彩描绘纹饰，烧后彩纹不脱落的彩陶不仅有实用价值，而且是杰出的工艺美术品。邮票画面上的这件红陶鼎高29.1厘米，口径29.8厘米。1974年4月在山东邹县城南野店村原始社会晚期遗址出土，属于中期大汶口文化类型。为夹砂红陶钵状盛器，无耳，三足圆鼎。近底处向外伸出三条鸭嘴形的足，使鼎支撑平稳，便于炊煮架烧，堪称几何学的"三点成一面"的最早应用。鼎口沿外绘白色网状纹一周，是渔网的艺术再现，此鼎为中国古代文明的重要标志。

户县农民画

发行日期：1974.4.10

6-1　　　　6-2　　　　6-3

6-4　　　　6-5

6-6

（T.3）

6-1老书记　　　　8分　　　1 500万枚

6-2高原打井　　　8分　　　1 500万枚

6-3春锄　　　　　8分　　　1 500万枚

6-4科学种田　　　8分　　　1 500万枚

6-5林茂粮丰　　　8分　　　1 500万枚

6-6金山银海　　　8分　　　1 500万枚

邮票规格：（1图）30 mm×40 mm、（2图）27 mm×60 mm、

　　　　　（3、4、6图）40 mm×30 mm；（5图）60 mm×27 mm

齿孔度数：（1图）11.5×11度、（2、5图）11度、（3、4、6图）11×11.5度

整张枚数：（1、3、4、6图）50枚、（2、5图）35枚

版　　别：影写版

设计者：吴建坤

印刷厂：北京邮票厂

全套面值：0.48元

知识百花园

　　户县，原名鄠（hu）县，1964年改鄠为户，称户县。位于陕西省中部，北依秦岭，南接渭河，在陕中一带，可谓山清水秀。户县所在的关中平原盛产小麦、棉花和玉米，南部山区林业资源丰富，铁路和公路直通省会西安。户县农民喜欢绘画，自1958年以来，依靠这种自发的活动，逐渐形成了一支充满浓郁的乡土气息和强烈生活韵味的农民业余美术创作队伍。1973年10月，从户县农民创作的四万多件美术作品中，筛选出一部分，在北京中国美术馆举办了《户县农民画展》，受到了广泛称赞。邮票画面上的6幅作品，均为它们的代表作。

邮票解析

　　图6-1【老书记】原画由当时该县秦渡公社三大队党支部书记刘志德创作。画面上，穿着布鞋的老书记，卷着袖筒，挽着裤脚，安全帽背在身后，正坐在岩石上，膝盖上展开一本马列著作或《毛泽东选集》，嘴里叼着旱烟锅，而划火柴的手

却停留在半空中。此刻，他已十分投入地在阅读，不知不觉中把吸烟的事暂时忘了。他身边堆放着的钢钎、铁锤和垫肩，说明他刚才还在参加劳动，而现在利用休息时间，认真看书学习。作者以细腻的笔触，刻画了一位带头学习，带头参加劳动，率领全县人民改造山河的老县委书记的形象。

图6-2【高原打井】原画为该县农民李克民创作。高原缺水，给生产生活带来极大不便，户县人民没有被困难吓倒，他们发扬了"愚公移山"的精神，克服了重重困难，寻水源，打深井，让地下水涌出，为人民造福。画面为一幅高原打井的纵剖面图，表现了户县农民征服自然的力量和决心。

图6-3【春锄】原画由当时该县光明公社西韩庄大队党支部委员、务棉组长李凤兰创作。在绿油油的禾苗地里，一群妇女正在为小苗松土、锄草。她们衣着纯朴，有说有笑，工作认真，不知疲劳。画面展现了当地农村妇女参加集体生产劳动的场景，极具生活情趣。

图6-4【科学种田】原画为该县农民马振龙创作。在这块高粱试验田头，几个农民正围在穿白布衫的那位经验丰富的老农身旁，听他讲解种子的性能、优劣，摸索培育优质高粱品种的新方法。画面正是通过良种培育优选的场面，展示农民已不再单纯靠天吃饭，而是坚持科学种田，去争取稳产高产的耕种结果。

图6-5【林茂粮丰】原画由当时该县余下公社占东大队党支部副书记周文德创作。渠道弯弯，流水潺潺；林带道道，绿荫排排；蓝天下，金黄色的麦浪一望无际；麦田里，耸立的高压线杆延伸到远方。农民们正在田间地头，面对这丰硕的果实，喜悦万分。画面描绘了林茂粮丰的兴旺景象，是一幅社会主义新农村的丰收图景。

图6-6【金山银海】原画由当时该县甘河公社丁村大队农民李顺孝创作。远处，雪白的棉花正在晾晒，如波涌浪翻，中间是黄澄澄的玉米堆满场院，如一座金山；近处，社员们正在加紧堆放玉米垛子。一位身着草绿色军装的战士，这是当年"支农的军代表"。画面描绘了粮棉丰收的喜人景象，是农民画中经常表现的题材。

奔马

发行日期：1978.5.5

10-1   10-2   10-3

10-4   10-5   10-6

10-7   10-8

10-9   10-10

（T.28）

认识邮票中的艺术世界 1

57

（T.28 小型张）

10-1奔马	4分	1 500万枚
10-2奔马	8分	2 500万枚
10-3奔马	8分	2 500万枚
10-4奔马	10分	1 000万枚
10-5奔马	20分	1 000万枚
10-6奔马	30分	250万枚
10-7奔马	40分	250万枚
10-8奔马	50分	250万枚
10-9奔马	60分	250万枚
10-10奔马	70分	250万枚
小型张　群奔马	5元	25万枚

邮票规格：（1～6图）30 mm×40 mm、（7～10图）40 mm×30 mm

小型张规格：148 mm×98 mm，其中邮票尺寸：90 mm×40 mm

齿孔度数：（1～6图、M）11.5×11度、（7～10图）11.5度

整张枚数：50枚

版　　别：影写版

设计者：刘硕仁

印刷厂：北京邮票厂

全套面值：3.00元

小型张面值：5.00元

邮票解析

图10-1【奔马】原画1953年创作于北京东城根徐悲鸿住所。画面题诗为："山河百战为民主，铲除崎岖大道平。"画家以一匹凌空奔腾的骏马，讴歌了新中国的诞生，赞颂了祖国建设大业的蒸蒸日上，寄托了崇高的爱国热情。

图10-2【奔马】原画于1945年创作，当时日本侵略者已无条件投降，中国人民历经艰苦卓绝的八年抗战，终于迎来了胜利。画家以欢腾的奔马，表达了内心由衷的喜悦。

图10-3【奔马】原画于1948年6月创作。当时国民党统治即将分崩离析，全国解放在即。画家以从远处奔腾而来的快马，表达了迎接新中国曙光来临时的兴奋心情。

图10-4【奔马】原画于1942年创作。画面题诗为："水草寻常行处有，相期效死得长征。"时值日本帝国主义的铁蹄正在大肆践踏我国，中国人民处在水深火热之中，抗击日本侵略者的斗争也已进入白热化的程度。画家以这匹威武不屈的烈马激励国人舍身疆场，同仇敌忾，团结抗日，表达了驱逐鞑虏，救我中华的强烈愿望。

图10-5【奔马】原画1941年创作于马来西亚槟榔屿。当时，为了救济在战火中失去家园而流离失所的祖国难民，徐悲鸿先生只身远走南洋，4次举办作品展览，将全部卖画收入捐献给祖国救灾，充分表达了他的赤子之心。画面颂词为："辛巳八月悲鸿时容槟城。"

图10-6【奔马】原画1944年创作于四川重庆嘉陵江北岸磐溪住所。画面题诗

为："问汝健足裹何用，为觅生刍尽日驰。"此时徐悲鸿先生已从印度回国，正在中央大学任教，同时筹建中国美术学院，对绘画人才极为重视。当他发现江西的傅抱石很有艺术天赋之后，立即向该省省主席极力推荐，并为此绘奔马图一幅。诗中鼓励有志青年放开手脚，去为理想和有意义的人生而驰骋奔腾。

图10-7【奔马】原画于1942年夏季创作。画面题字为："壬午夏悲鸿。"此马与第4图为同一角度，亦是于抗战最为激烈的1942年所画。表达了画家盼望有更多的爱国将士投入到抗日前线，打败和消灭穷凶极恶的日本侵略者。

图10-8【奔马】原画于1939年创作于新加坡。画面题字为："自新先生雅教，骋容与兮，距万里兮；安匹兮，龙为友。廿八年五月，星洲客中遣怀悲鸿。"此画为悲鸿先生在新加坡举办个人筹赈画展之后所作，表达了画家高远的志向和美好的情怀。

图10-9【奔马】原画于1939年10月创作。画面题字为："静文爱妻保存，已卯十月悲鸿。"这是画家44岁时送给夫人廖静文女士的奔马图。表达了对妻子的钟爱，也是对生活的共同鼓励。

图10-10【奔马】原画于1944年冬季创作于四川重庆。画面题字为："卅七年冬至悲鸿客重庆。"当时日本侵略者败局已定，抗战节节胜利。画家在严冬季节，仍绘此奔马图，盼望最后胜利时刻的早些到来。

小型张【群奔马】原画1942年创作于四川重庆凉风垭一位朋友家中。画长95厘米，宽181厘米。题字为："壬年大暑悲鸿"。画面上六匹烈马作不同奔腾状。站在这幅作品前，仿佛能听到疾风暴雨似的阵阵马蹄声，气魄宏大，声势壮烈。画面四周又衬托着银灰色花纹的绫边，更增添了中国画的传统韵味，显得质朴、大方、庄严、美观。

工艺美术

发行日期：1978.8.26

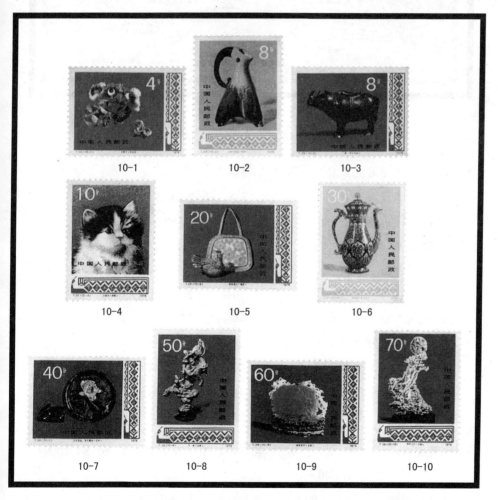

10-1 10-2 10-3

10-4 10-5 10-6

10-7 10-8 10-9 10-10

(T.29)

认识邮票中的艺术世界

61

（T.29 小型张）

10-1大狮子（布玩具）　　4分　　1 500万枚

10-2三脚羊提壶（陶器）　　8分　　2 500万枚

10-3犀牛（漆器）　　8分　　2 500万枚

10-4小猫头（刺绣）　　10分　　1 000万枚

10-5绿花提篮（编织）　　20分　　1 000万枚

10-6孔雀壶（景泰蓝）　　30分　　250万枚

10-7荷花圆盘，黑天鹅盒（漆器）　　40分　　250万枚

10-8飞跃（木雕）　　50分　　250万枚

10-9旭日东升（玉雕）　　60分　　250万枚

10-10奔向人间（牙雕）　　70分　　250万枚

小型张　飞天（壁画）　　3元　　10万枚

邮票规格：（1、3、5、7、9图）40 mm×30 mm，（2、4、6、8、10图）
　　　　　30 mm×40 mm

小型张规格：139 mm×90 mm，其中邮票尺寸：90 mm×40 mm

齿孔度数：（1、3、5、7、9图）11×11.5度、（2、4、6、8、10图、M）
　　　　　11.5×11度

整张枚数：50枚

版　　别：影写版

设计者：邓锡清

印刷厂：北京邮票厂

全套面值：3.00元

小型张面值：3.00元

━━━━━━━━━━━◆ 知识百花园 ◆━━━━━━━━━━━

为纪念1978年2月至5月在中国美术馆举办的全国工艺美术展览会，邮电部发行了这套《工艺美术》特种邮票，图案均为工艺美术展品中的精品。

━━━━━━━━━━━◆ 邮票解析 ◆━━━━━━━━━━━

图10-1【大狮子（布玩具）】布玩具是我国民间一种传统工艺品。它是用布料、丝绸等缝制而成，主要造型有布娃娃及各种动物等，里面装有废棉絮、碎布头、麦秸等物，造型生动，滑稽可亲，为广大儿童所喜爱。邮票画面的布狮子，采取民间广为流传的狮子滚绣球的造型，形象逼真，顽皮可爱。

图10-2【三脚羊提壶（陶器）】陶器是用黏土（或加石英粉末等）经成型并干燥并烧制而成的。可做日用器皿或陈设观赏。它可上釉，也可不上釉。按黏土中所含矿物质成分的不同，坯体呈白、青、褐、棕等色。

邮票画面的这件釉陶羊提壶，三足平稳着地，一角昂首挺立，构思精巧，造型神气。特别是以羊角为把手，自然生动，匠心别具。

图10-3【犀牛（漆器）】漆器是我国古代劳动人民的又一项重要发明，它起源于4 000多年前的虞舜时代。据战国时期的《韩非子·十过篇》记载："尧禅天下，虞舜受之，作为食器，流漆墨其上。舜禅天下，而传之于禹。禹作为祭器，墨染其外，朱画其内。"《禹贡·夏书》中已把漆器列为贡品："济河惟兖州，厥贡漆丝。"这就是说，在新石器时代晚期，我国已有了用作食器、祭器的漆器。邮票

画面上漆器犀牛，身躯健壮，通体涂以黑漆，光滑油亮，显示出一种力的美。

图10-4【小猫头（刺绣）】邮票画面上是一幅苏绣作品。苏绣作为国内四大名绣之一，至今已有1 700多年的历史。相传三国时期，孙权为了与魏、蜀争衡天下，需绘制一幅山川地势军用图。丞相赵达的妹妹知道后说："丹青易褪色，不能久藏。我会刺绣，可以列国于方帛之上，用针绣出五岳、河海、城邑、行阵的图形。"绣成之后，无人不赞其精绝。到了宋代苏州刺绣已相当成熟。明万历年间，苏州人张应文著《清秘藏》说："宋人之绣，针线细密，用绒止一二丝，用针如发细者为之。设色精妙，光彩射目。山水分远近之趣，楼阁得深邃之体，人体具瞻眺生动之情，花鸟极绰丝嗫馋之姿，佳者较画更胜。"表明这时苏绣已独树一帜。到了明代，苏州"家家养蚕，户户刺绣"，苏绣几乎成了一项民间性的家庭副业。在建于五代、北宋时的虎丘塔与瑞光塔内都曾发现过刺绣经袱。清代苏绣已相当发达，苏州被誉为"绣市"，闻名中外的双面绣，就是在这时出现的。清末苏绣艺人沈寿，所绣英国女王维多利亚半身像，曾获万国博览会最优等奖，使苏绣在国际上的声誉更加提高。这枚邮票上的"小猫头"，是苏州刺绣研究所设计创作的一幅双面绣，具有"平、光、齐、匀、和、顺、细、密"之特点。由于运用了西洋画的透视原理，使光线明暗相宜，呈立体感。小猫憨态可掬、神情逼真，特别是一双炯炯有神的眼睛，出神入化，小猫被绣活了。

图10-5【绿花提篮（编织）】编织是我国独具特色的民间传统工艺。数千年来，勤劳智慧的劳动人民，为了适应生活需要和审美要求，就地取材，以蒲草、稻草、麦秸、玉米皮、竹片、羽毛、棕麻、藤条、柳枝、芦苇等为材料，运用精巧的双手，编织出千姿百态的各种生活用品和艺术品，形成了不同的地方特色。

邮票画面上的绿花提篮和小公鸡盒，均为草编作品，造型简捷，手法细腻，色彩适度，朴实自然。

图10-6【孔雀壶（景泰蓝）】景泰蓝又叫掐丝珐琅。其制作需要设计、制胎、烧焊、掐丝、点蓝、磨光、镀金等工艺。制胎工艺是工匠用铁锤把紫铜片锤打成各种形状的铜胎。掐丝工艺则要求匠人用镊子把紫铜丝掐掰出各种美丽的图案，然后蘸药粘在铜胎上，技艺高超的匠人，能在各种形状的铜胎上，把压扁的细铜丝掐成各种花纹图案。点蓝工艺，是把各色釉料填入丝纹空隙处，用高温反复烧结。磨光工艺，是经七八次烧结后，进行精细打磨，使产品晶莹滑润。最后，经镀金工

艺，才完成了一件景泰蓝成品。

邮票画面上的景泰蓝作品孔雀壶，是景泰蓝工艺的代表作之一。壶的整体是由孔雀夸张变形而来，别致生动；壶嘴以孔雀的头颈为原型，用传统的鱼鳞锦纹和创新的羽毛锦纹装饰；荷叶形的壶口和壶盖、底足上，都布满美丽的孔雀翎毛纹样；壶身则以成对的孔雀穿插组成带状的装饰，线条流畅，耐人寻味。而由两只金属雕成的开屏状小孔雀组成的盖纽，更使作品增色生辉。釉彩以珊瑚红为主调，衬以蓝绿、金黄，色泽和谐，充分显示了我国景泰蓝艺术的高超水平。

图10-7【荷花圆盘、黑天鹅盒（漆器）】这两件现代漆器作品，构思设计十分精巧，用荷叶构成圆盘，盘中一枝盛开的荷花，犹如在清澈的花池中亭亭玉立。左边那只黑天鹅，曲颈回首，巨大的羽翅，恰好作为盒盖，形象传神，充分显示了中国漆器制作工匠的高超技艺。

图10-8【飞跃（木雕）】木雕为我国民间传统工艺，其手法主要有浮雕、通雕、圆雕、沉雕等，用以雕刻门窗、屏风、壁挂等建筑装饰物、桌椅箱柜等家具装饰物及其他装饰用品。我国比较著名的有浙江黄杨木雕，黄杨木质地坚韧，纹理细腻，色黄如同象牙，年久后色泽变深，更显古朴大方，其产品以小巧精细见长，主要分布在浙江乐清、温州一带，起源于民间元宵节龙灯骨架上的木雕小佛像，后逐渐发展成艺术欣赏品。广东潮州木雕以优质樟木作坯，雕刻以后磨光，再层层涂漆，最后贴上金箔，作品闪闪发光，金碧辉煌，因此名为金漆木雕。浙江东阳木雕以浮雕技法见长，艺术手法上风格独具，设计上借鉴传统的散点透视、鸟瞰式透视等构图，布局丰满，散而不松，多而不乱，保留平面，不伤整料，突出主题，表现情节，其历史久远，清代曾征调数百东阳木雕匠人进京为皇家修缮宫殿。邮票画面上的木雕作品"飞跃"，为五子驾龙图，巨龙腾飞，五子纵跃，表达出一种非凡的气派。这件作品为上海工艺美术厂木雕师侯志飞先生所创作。

图10-9【旭日东升（玉雕）】我国产玉、琢玉的历史可以追溯到五六千年前。从江苏省吴县草鞋山和吴江梅堰古文化遗址中，都发现了经过琢磨的玉璜、玉璞，它们是原始人用来点缀在胸前或挂在耳朵上的装饰品，是迄今世界上发现得最早的玉器。

邮票画面上的玉雕作品旭日东升，雕工精细，玲珑剔透，旭日喷薄，霞光夺目，为我国玉雕中的又一杰作。

图10-10【奔向人间（牙雕）】邮票上的《奔向人间》是在全国工艺美术展览会上展出的一件牙雕，由广东省肇庆工艺一厂黄景超创作。他采用了传统镂雕通花牙球与人物雕刻相结合的新形式，作品上端的牙球模拟月亮，牙球表面刻画出广寒宫里的楼阁亭台、山石小桥。牙球内层层镂空，共计41层，玲珑剔透，转动自如。每层上都有参差错落的镂空图案，作品下端是寂寞嫦娥轻舒广袖，在云霞飘缈中奔向人间的动人情景。整个作品寓意九州大地冬尽春回，蓬勃美满的人间生活引动了嫦娥思慕之情，歌颂了社会主义祖国的兴旺发展。

小型张【飞天（壁画）】小型张画面上的双飞天壁画，一个手托花盘，一个弹奏琵琶，追逐飞翔，载歌载舞，表达了人类追求美好生活的愿望和理想。据记载，飞天是一种想象的飞神，佛经里称为天歌神、天乐神。因为她们不仅仅弹琴歌唱，而且身上还散发出芬芳的香气，所以又叫"香音神"。飞天女神的形象起源于印度，伴随佛教沿着丝绸之路传到西域，到唐代登上了宗教艺术的高峰。"天衣飞扬，满壁风动"，是对飞天壁画最为精彩的描绘。

飞天

中国绘画·长沙楚墓帛画

发行日期：1979.3.29

2-1

2-2

（T.33）

2-1龙凤引魂升仙帛画　　8分　　600万枚

2-2人物驭龙帛画　　　　60分　　200万枚

邮票规格：40mm×54mm

齿孔度数：11度

整张枚数：28枚

版　别：影写版
设计者：邵柏林
印刷厂：北京邮票厂
全套面值：0.68元

知识百花园

帛画，是画在丝织物上的画，为我国绘画史上的一个画种。1972年1月和1973年11月，在湖南长沙马王堆1号、3号墓里，分别出土的5件帛画，绘有墓主图像、车马、仪仗、饮宴等场面。其中一幅T字形帛画，分为天上、人间和地下3个部分，描绘了一些古代的神话传说，是我国目前传世帛画年代最早的三幅之一。其绘画技巧成熟，线条圆润流畅，代表了当时的绘画水平。

邮票解析

图2-1【龙凤引魂升仙帛画】此画系1949年出土于长沙东郊陈家大山一座楚国木椁墓中。帛画原在一竹筒上。长31厘米，宽22.5厘米。1953年曾在北京中国历史博物馆举办的"楚文物展览"上展出过，原图收入《楚文物展览图录》中，现藏于湖南省博物馆。由于受到当时技术条件的限制，在对帛画的观察和复制中，将画中似龙似蛇者摹成两角一足。郭沫若据此认为：帛画上一足者为夔，夔与凤作争斗状，以此得出"人物夔凤图"之名。另外，还有"丰隆迎宠妃图""鸟蛇相斗图"等名目，但以郭沫若的说法影响最为广泛。70年代末，经过科学处理使得帛画更为清晰，纠正了早期摹本中不准确之处，恢复了龙的两足，去掉了头上两角，定名为"人物龙凤图"，并绘制了新的摹本。邮票图案即是按新摹本设计的，在帛画下方尚有一女子立于新月形物上，头绾高髻，长袍博袖，双手合掌于胸前作祈祷状。对这一女子，有的人认为是一个女巫，正在为死者祝福，祈愿神龙、神凤引导死者的灵魂登天升仙；有的人认为是墓主人自己，龙和凤作为登天的先导，正在接引她死后升仙等。但无论哪种说法，均认为是死者的灵魂随着龙凤去成仙了。

图2-2【人物驭龙帛画】此画系1973年5月出土于长沙子弹库一座木椁楚墓中。帛画置于椁盖板下、隔板之上。画长37.5厘米，宽28厘米。上缘裹一根细竹

条，系有棕色细绳，右缘和下缘未经缝纽。原件现藏于湖南省博物馆。帛画上一男子长袍高冠，手抚佩剑，驭龙而行。龙作舟形，其下有鱼，尾端有鹤。画中人物的衣着，垂穗都飘向一方，表现了龙舟迎风前进的动态。龙舟上有华盖，证明此人物绝非等闲之辈，也许就是墓主人自己。帛画表现了贵族男子死后升天的思想。郭沫若曾为此画写过一首《西江月》，词曰："仿佛三闾在世，企翅孤鹤相从。陆离长剑握拳中。切云之冠高耸。上罩天球华盖，下乘湖面苍龙。鲤鱼前导意从容，瞬上九重飞动。"词中把画中人物比喻成三闾大夫屈原，表达了对其死后能够登天成仙的良好愿望。

龙凤人物图

人物驭龙帛画

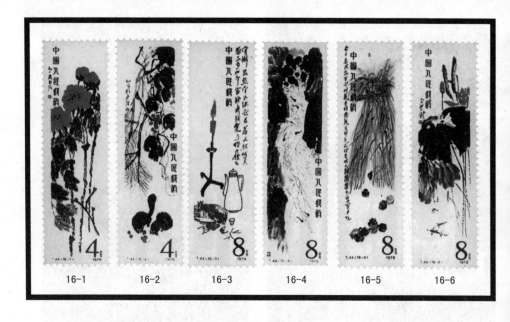

齐白石作品选

发行日期：（1～4、13～16）1980.1.15、（5～12）1980.5.20

| 16-1 | 16-2 | 16-3 | 16-4 | 16-5 | 16-6 |

（T.44）

16-1 牡丹　　　　　　　4分　　　1 000万枚

16-2 松鼠葡萄　　　　　4分　　　1 000万枚

16-3 酒蟹图　　　　　　8分　　　1 000万枚

16-4 蛙声十里出山泉　　8分　　　2 000万枚

16-5 小鸡　　　　　　　8分　　　2 000万枚

16-6 荷花　　　　　　　8分　　　2 000万枚

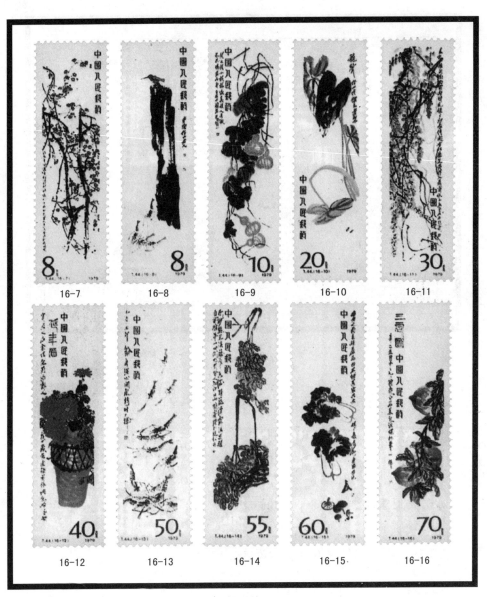

16-7	16-8	16-9	16-10	16-11
16-12	16-13	16-14	16-15	16-16

（T.44）

16-7红梅　　　　8分　　　2 000万枚

16-8翠鸟　　　　8分　　　2 000万枚

16-9葫芦　　　　10分　　　500万枚

16-10秋声　　　　20分　　　500万枚

认识邮票中的艺术世界

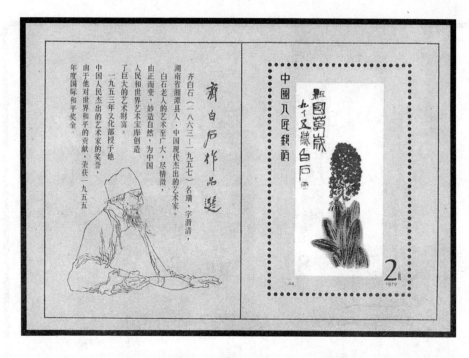

（T. 44 小型张）

16-11藤萝	30分	200万枚
16-12菊花	40分	200万枚
16-13虾	50分	200万枚
16-14荔枝	55分	200万枚
16-15白菜蘑菇	60分	200万枚
16-16桃	70分	200万枚
小型张 祖国万岁	2元	25万枚

邮票规格：19.25 mm × 62 mm

小型张规格：120 mm × 86 mm，其中邮票尺寸：38.5 mm × 62 mm

齿孔度数：11.5度

整张枚数：50枚

版 别：影写版

设计者：邵柏林

印刷厂：北京邮票厂

全套面值：3.91元

小型张面值：2.00元

知识百花园

作为我国现代最为杰出的艺术家之一，齐白石早已享誉全世界。西方人称他为东方的毕加索、马蒂斯，而在国内他更是家喻户晓，备受崇敬。齐白石一生中历经几个时代，但他极具正义感，富有民族气节。所画的"铁拐李""发财图""不倒翁"等作品，均是对旧社会统治者的鞭挞及讽刺。1937年，日本侵略者占领北平后，他在自家门口贴出"画不卖于官家"的字条，表现了一个中国画家的自尊和对侵略者的憎恨。1949年，他以欢欣愉悦的心情迎来了新中国的诞生，接着又满怀热情地利用自己的创作参与了保卫和平的事业。1953年在他93岁生日时，中央文化部特授予他"人民艺术家"的荣誉奖状，1955年又荣获国际和平奖金，为此，周恩来总理还亲自前来祝贺。他曾被选为中国文学艺术界联合会全国委员会主席团委员，担任过中国美术家协会主席、中央美术学院名誉教授等职。白石老人虽早在1957年便已乘鹤仙去，但其艺术成就和勤奋精神仿佛仍在我们面前，正如李可染所说："他永远是座辉煌的大山"。这套邮票共计16枚邮票和1枚小型张，图案均选自老人晚年的代表作。

邮票解析

图16-1【牡丹】牡丹为富贵之花，素称花中王，象征雍容华贵，幸福吉祥。邮票图案为四朵艳放的红牡丹，并有"九十岁白石"的题款，是老人晚年的得意之作。

图16-2【松鼠葡萄】松鼠又称灰鼠，哺乳纲，松鼠科。体长20至28厘米，毛灰色、暗褐色或赤褐色，腹部白色，尾蓬松长大，约16至24厘米。嗜食松子和胡桃等果实，毛皮可制衣，尾毛可制笔。邮票图案为金秋时节，串串已经成熟的紫葡萄挂满枝叶间；葡萄藤下，两只天真活泼、顽皮机灵的小松鼠，正兴奋而贪婪地拣食着因熟透而落地的葡萄粒。画面定格在温馨而宁静的自然环境中，充满着生命的活

力，洋溢着丰收的喜悦，富有生活情趣。

图16-3【酒蟹图】这幅画中有红烛一支，白酒一壶，煮熟的4只螃蟹已成盘中之物。老人写道："有蟹盈盘，有酒满壶，君若不饮，何其愚也。"

图16-4【蛙声十里出山泉】这是一句出自清代诗人查慎行的《次实君溪边步月韵》的诗句。全诗为："雨过园林暑气偏，繁星多上晚来天。渐沈远翠峰峰澹，初长繁阴树树园。萤火一星沿岸草，蛙声十里出山泉。新诗未必能谐俗，解事人稀莫浪传。"查慎行（1650~1727），字悔余，号初白，浙江海宁人。康熙时举人，赐进士出身，官编修。其诗多记行旅，善用白描手法。著有《敬业堂诗集》。白石老人以此诗句作画，缘起于1952年的一天，老舍去拜访已92岁高龄的画家并出此题目请老人作画。但"蛙声十里"是听觉形象，要用视觉形象的绘画来表达，这是个难题。但老人毕竟不同凡响，数天后，终于画出了一幅4尺长的立轴，画着从山涧乱石中泻出的一道急流，几只小蝌蚪在激流戏水，高处为几笔远山，表示着悠远的意境。画面上的一切，竟是如此和谐而深邃，使人不见青蛙，却闻蛙声，真是画中有声，情景交融。这幅画作充分表达了白石老人的创造能力和艺术水平。

图16-5【小鸡】画面上，收获后的稻田里，几只毛茸茸的雏鸡正在稻草堆边觅食，神态自然生动，使人仿佛听到了它们的"唧唧"声。题款曰："余日来所画，皆少时亲手所为、亲目所见之物，自叹大翻陈案……白石山翁寻玩"。生活是艺术创作的唯一源泉，他曾这样描述过："稻谷既收田如野，稻草尚为谁留下。田鸡田鸡去复来，巢窠熟处尤难舍。""为万虫写照，为百鸟传神"。这种对大自然的无限深情浸透在老人几乎每一幅作品中。

图16-6【荷花】一池碧水，几枝莲蓬，鱼儿戏水，荷蕊喷香。在大师笔下，寥寥几抹，就成了好一幅仲夏莲池图，画中充满了生活的情趣，洋溢着盎然的生机。"白石山翁"的题款，显示出老人对生活的热爱与珍视。

图16-7【红梅】画面上，老枝抽出新芽，嫩蕊绽放群花，红梅点点，枝杈挺拔，迎风傲雪，无所畏惧，显示出一种强大的生命力。题款写道："作画贵写其生，能得形神俱似即为好矣。"

图16-8【翠鸟】翠鸟又名"钓鱼郎"，因善捕鱼、虾为食而得名。鸟纲，翠鸟科。头大，体小，长约15厘米。嘴甲尖长而直。额、颈及肩背部羽毛，以苍翠、暗绿色为主，耳羽棕黄，颊和喉部为白色，飞羽大部黑褐色，胸下栗棕色，尾羽甚

短。为我国东南部常见的鸟。邮票图案上，一只美丽的翠鸟正蹲伏在高石上，静静的等待着；石下清澈的溪流中，几只小虾正在嬉戏。画面表现的是和平宁静的瞬间背后却潜伏着巨大的危险，谁知什么时候，这高倨石上的翠鸟，便会突然扑下去，啄食毫无防备的小虾。画中题款为"齐璜借山老人"，老人借此画告诫人们，即使在安定美好的生活中，也不可随意放任，而应有所遵循，有所警惕。

图16-9【葫芦】葫芦又称"蒲芦"，夏秋开花，花纯白色。果实因品种不同而形状多样，嫩果可食，也可药用，但民间多用来作盛器（装酒、水等）、水瓢或玩具。因葫芦多子，是子孙繁衍的象征，所以被视为吉祥之物，近而赋予了其神秘色彩，以至于有"宝葫芦"的传说。其果壳可入药，性平，味甘，主治水肿腹胀等症。原产印度，我国各地均有栽培。邮票画面上正是金秋时节，树木的枝茎虽已枯干，残叶亦在凋落，但留给人们的还有那沉甸甸的金色葫芦，带来的是丰收的喜悦。画面题字曰："头大头小模样逼真，愿人须识不共为君子身""白石山翁画并题"。本画触景生情，表达了画家对人生的一种理解。

图16-10【秋声】邮票图案为白石老人的画作《听声》。画面上，一片凋败的芋叶已经倒伏，而更多的植株依然挺立，这恰是初秋时节。枯黄的叶片旁，两只蟋蟀在悄然细语，相依为伴，鸣唱着秋日之歌。画作构思精巧，极富生活气息，淡淡几笔，便勾画出深远的意境，具有一叶知秋的艺术效果。蟋蟀又称"促织""趋织"，昆虫纲，直翅目，蟋蟀科。种类很多，一般体长20毫米左右，触角发达，比体躯还长。性好斗，善鸣叫，鸣声连续发出"瞿瞿"4个音节。其产卵管裸出，一般在地下活动，啮食植物的根部、茎叶和种实。其虫体干燥后可入药，性温，味辛咸，有毒，功能为利尿，主治水肿、小便不通等症。

图16-11【藤萝】即紫藤，又称朱藤。豆科，高大木质藤本植物。奇数羽状复叶，成熟后无毛。春季开花，青紫色，亦有白色花，花冠蝶形，总状花序。荚果长10至15厘米，密生绒毛。产于我国中部，可供观赏；花和种子可食用；树皮纤维可织物；果实入药，治食物中毒，驱除蛲虫等。邮票画面上，藤须漫卷，繁花串串，枝长叶嫩，杂而不乱，一派春光明媚的景象。题诗一首："晨起推开南向窗，春晴风暖日初长。传闻舍北藤花发，移入萧斋纸上香。"诗情画意，跃然纸上。白石老人自称其住所为"萧斋"。

图16-12【菊花】邮票图案为白石老人90岁高龄时，应友人之邀而画的一盆菊

花，题记道："有一友人求余作画菊花寿人"。精心编制的黄色花盆与盛开着的红色花朵，充分表达了祝愿友人延年长寿之意。

图16-13【虾】虾为甲壳纲，十足目，长尾亚目动物之通称。其种类很多，常见的有毛虾、米虾、白虾、沼虾、对虾、龙虾等。它们的身体分为头、胸、腹三部分，外有甲壳。头部有附肢5对（触角2对，大颚1对，小颚2对），胸部有附肢8对（前3对为颚足，后5对为步足），腹部有附肢6对（前5对为游泳足，后1对为尾肢，与尾节形成尾扇）。虾生活在水中，以浮游生物为食。邮票画面上，群虾戏水，神态各异，逼真生动，活灵活现。题字曰："齐璜心开气静时一挥"。虽说是信心拈来，一挥而就，但如此精妙的艺术作品，得之却绝非偶然。白石老人在学习画虾的时候，案头摆上一只大海碗，盛着清水，养着活虾，白石老人经常长时间地呆伏在案边，细心地观察虾的动作神态，足足花了几十年功夫，才使画上的虾由形似到神似，几可乱真，可见绝艺皆由辛勤而来。

图16-14【荔枝】为常绿乔木，高可达20米，花期4个月。偶数羽状复叶，小叶长椭圆形或披针形，革质，侧脉不明显。圆锥花序，花小，绿白或淡黄色，无花瓣，有芳香。果实为心脏形或球形，果皮具有多数鳞斑状突起，呈鲜红、紫红、青绿或青白色。假种皮（俗称果肉）新鲜时呈半透明凝脂状，多汁，味甘美而有佳香。但"若离本枝，一日而色变，二日而香变，三日而味变，四五日外，色香味尽去矣。"性喜温湿多光。其品种约有100多个，如早熟品种"黑叶"，中熟品种"白腊"，晚熟品种"糯米糍"，核大味甜的"大荷包"，甜中带蜜味的"妃子笑"，酸甜可口的"桂味"等。原产我国南部，以广东、广西、福建、四川、云南、台湾等地栽培最多。枝叶繁茂，可做防护林树种。木质坚实，可做家具用材。果实供生食、晾干制成多种加工品。果壳、根、树干可提栲胶。可入药，有养血、生津、消肿之功效。邮票画面上，串串鲜红的荔枝果实挂满枝头，在簇簇绿叶的掩映中，显得分外鲜艳而娇嫩。画中有诗一首："丹砂点上溪藤纸，香满静蓝清露滋。果类自当推第一，世间尤有皆人知。"

图16-15【白菜蘑菇】白菜，俗称"大白菜"，是我国北方冬季的主要蔬菜。蘑菇为食用菌的一种。邮票画面上，两棵白菜，一堆蘑菇，清淡秀雅，干干净净。大师泼墨挥毫于这类寻常百姓的家常菜，得心应手，画上题字曰："南方之菌远胜蘑菇，惜不能还家共老妇喜食也。"表达了对家乡故土和亲人的怀念之情。

图16-16【桃】为蔷薇科，落叶小乔木。叶阔披针形或长椭圆形，有锯齿。花淡红、深红或白色。核果近球形，表面有毛茸。在我国的华北、东北、西北各地广为栽培。花可供观赏。果供生食，味鲜，并可制桃脯、罐头等。果仁性平、味苦，可祛淤、润燥，主治淤血停滞、经闭腹疼、跌仆肿痛、便秘等症。花有利尿作用；干幼果入药，称"瘪桃干"，可治阴虚盗汗、咯血。邮票画面上，三个大鲜桃垂挂在枝叶间，沉甸甸，红艳艳，显示出强大的生命力。老人原画题为"三寿图"，并有题字曰："晨起凉畅把笔一挥"。

小型张【祖国万岁】小型张的右半部分为白石老人95岁时所画的一棵万年青，题为《祖国万岁》。以苗壮挺拔、火焰般的果实象征着社会主义祖国蓬勃发展的壮丽事业。万年青，为百合科多年生长绿草本植物，根状茎短而肥厚；叶基生，阔带形，厚革质。春夏间在花轴上形成一稠密的穗状花序，花淡黄色或褐色。浆果球形，橘红色。小型张左半部分为画家范曾的《齐白石素描像》，并印有如下文字："齐白石（一八六三～一九五七）名璜，字渭清，湖南省湘潭县人，中国现代杰出的艺术家。

白石老人的艺术至广大，尽精微，由正而变，妙造自然，为中国人民和世界艺术宝库创造了巨大的艺术财富。

1953年文化部授予他中国人民杰出的艺术家的奖誉。由于他对世界和平的贡献，荣获一九五五年度国际和平奖金。"

松鼠葡萄

京剧脸谱

发行日期：1980.1.25

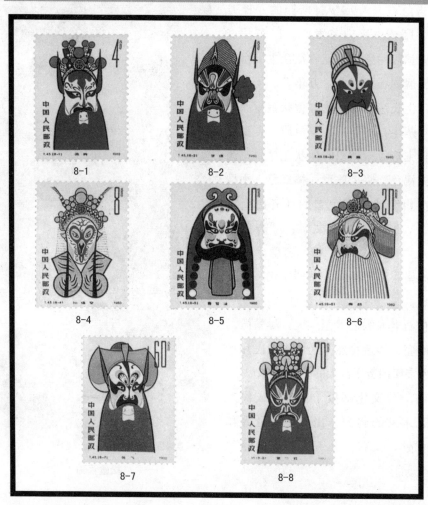

8-1 8-2 8-3

8-4 8-5 8-6

8-7 8-8

（T. 45）

8-1孟良　　　4分　　　1 000万枚

8-2李逵　　　4分　　　1 000万枚

8-3黄盖　　　8分　　　1 500万枚

8-4孙悟空　　8分　　　1 500万枚

8-5鲁智深　　10分　　　500万枚

8-6廉颇　　　20分　　　500万枚

8-7张飞　　　60分　　　250万枚

8-8窦尔敦　　70分　　　250万枚

邮票规格：30 mm×40 mm

齿孔度数：11.5×11度

整张枚数：50枚

版　别：影写版

设计者：刘硕仁

印刷厂：北京邮票厂

全套面值：1.84元

知识百花园

　　脸谱就是在某些戏剧角色脸上画的种种图案，用来表现人物的性格和特征。早在几百年前，在我国戏剧中就出现了脸谱。脸谱来源于唐代的乐舞面具。唐教坊记里有"大面"之说。"大面"出自北齐，是说北齐兰陵王高长荣，貌如美女，但他担心自己的容貌不足以慑敌，于是刻木作狰狞面目，每出阵时戴上，勇冠三军。后被人编成《兰陵王入阵曲》，谓之"大面"。谱式以不同人物的形貌特征为依据，即使同一谱式，在不同人物的脸上，各部位的线条勾画和色彩处理也不相同。各人的脸形不同，勾画也不一样。京剧脸谱其本身就是一种夸张，可寓意褒贬，辨忠奸，分善恶。一般说，红为忠勇，白为奸诈，黄为彪悍，黑为浑厚，京剧脸谱是一种艺术。早在50年代，周恩来总理在审查一次剧目时说："京剧脸谱是表现人物性格的一种象征方式。它是京剧不可缺少的艺术手法之一。"

　　《京剧脸谱》邮票的问世，却经历了一个曲折的过程。早在1963年，刘硕仁同志就已经精心设计了这套邮票的图稿，并已基本印完，决定在1964年发行，为此《集邮》杂志也曾预报了这个消息。但此时江青正搞"革命现代京剧"的相关运动，这套邮票的历史人物面孔及其所代表的剧目因不合时宜而被停发。接着在"文化大革命"中又被诬为是"未出笼的大毒草"，而把已印好的《京剧脸谱》邮票全部毁掉，甚至连设计原稿、效果图和一些档案资料也都付之一炬。16年后，设计者根据劫后尚存的7种邮票样张，重新绘制了孟良、李逵、黄盖、孙悟空、廉颇、张飞和窦尔敦的脸谱。而鲁智深脸谱的原稿、票样均被毁坏，因此它是设计者观看了彩色影片《野猪林》，并得到著名京剧演员袁世海的指点帮助而绘制出来的。

邮票解析

　　图8-1【孟良】为古典小说《杨家将演义》中的人物。长得浓眉环眼，面如赤血，状貌雄伟，力大如山。他原是可乐洞洞主，后被杨六郎3次擒获，为报不杀之恩，他不仅倾心归服，而且只身深入辽地红羊洞，盗回老令公杨继业骸骨，人称"神火将军"。《杨家将演义》全书50回，主要是描写宋朝杨继业一家忠君报国、奋勇抗辽的故事，歌颂了为保家卫国而英勇献身的英雄人物。该书作者为熊大本，也是明代通俗小说的著名编著者和刊行者。邮票画面上孟良的脸谱形象，表现了他为人正直、厚道、乐观的性格。

　　图8-2【李逵】为《水浒传》中一百单八将之一，绰号黑旋风。雇工出身，因仗义杀人，被迫流落江州，后上了梁山参加了农民起义军。他虽为人鲁莽，但爱憎分明，爽直朴实，作战勇敢，忠于友谊。当宋江受招安时，他一直坚决反对，表现出坚定的立场。李逵是梁山的一条好汉，他的性格和形象，一直受到广大人民群众的喜爱。《水浒传》是我国著名古典长篇章回小说，为明代施耐庵所著。全书120回，通过宋江领导的农民起义聚义梁山，叙述了贫苦农民反剥削、反欺凌、反压榨的壮丽画卷，揭示了广大人民群众与统治者不可调和的阶级矛盾，反映了当时"官逼民反"的社会现实。李逵脸谱形象，完整地体现出他既善良正直，又粗鲁的性格。

图8-3【黄盖】为《三国演义》中东吴大将。湖南零陵人，字公覆，初从孙坚起兵，为孙氏宿将。赤壁之战中，演出了一出"周瑜打黄盖，愿打愿挨"的苦肉计，并率领满载柴薪膏油的船只前去曹营诈降，乘机火烧曹军，大获全胜。《三国演义》是我国又一著名古典长篇历史小说，全书120回，为明代通俗小说家罗贯中所著。描写了从东汉灵帝建宁二年到晋武帝太康元年近100年的历史事件，展示了魏、蜀、吴三国的兴衰过程。书中刻画了近400个人物，大多栩栩如生，富有个性。黄盖的脸谱形象，与胡须、发式相协调，表现他虽已年迈，但却忠心不改的性格特征。

图8-4【孙悟空】为神话小说《西游记》中的重要角色。又叫孙行者，曾称"齐天大圣"。原为石猴所变，神通广大，他曾大闹天宫，扰乱了天界秩序，显示出不畏强权、蔑视天神的叛逆性格。后保护唐僧去西天取经，沿途克服了重重困难，战胜众多鬼怪妖魔，表现了大无畏的斗争精神。他勇敢顽强，乐观风趣，坚持正义，机警灵活，早已成为广大人民群众所喜爱的、具有浪漫主义色彩的英雄形象。《西游记》为我国明代吴承恩所著的一部长篇神话小说。通过玄奘和尚去西天取经这一事件，展开了一系列惊心动魄的正义战胜邪恶的故事。孙悟空的脸谱形象为火眼金睛，尖嘴猴腮，既如真猴的面孔，又有艺术的加工和夸张，颇为逗人喜爱。

图8-5【鲁智深】为《水浒传》中人物。绰号花和尚，原名鲁达，出身下级军官，人称"鲁提辖"。性情豪爽，粗中有细。因路见不平，救助金老父女，三拳打死恶霸镇关西，而走上反抗之路。相国寺花和尚倒拔垂杨柳，显示了他过人的臂力。他又不顾个人安危，仗义救护林冲，后来成为梁山起义军重要将领。他不赞成招安，不愿替封建皇帝卖命。鲁智深的形象已深深铭记在人民群众的心目中。邮票上的脸谱图形为孔雀眉，眉角有笑纹，嘴窝胡茬有凹凸，说明其性格乐观，心胸开阔。

图8-6【廉颇】为战国时代赵国名将。赵惠文王时任上卿，屡次战胜齐、魏等国。赵孝成王十五年（前251），廉颇战胜燕军，任相国，封信平君。邮票上的廉颇脸谱图形选自京剧《将相和》，廉颇曾傲视丞相蔺相如，并屡加侮辱，后被蔺相如的大度忍让所感动，亲自上门负荆请罪。脸谱表明他本质善

良，不固执，不自傲，知错善改，是个可爱的人物。

图8-7【张飞】为《三国演义》中蜀汉大将。字翼德，涿郡人。东汉末随刘备起兵，并与关羽三人"桃园三结义"。使丈八蛇矛，南征北战，屡立战功。曹操取荆州，刘备败于长坂坡，他立马拒敌，曹军不敢近。后随刘备取益州，任车骑将军，并为"五虎上将"之一。邮票上的张飞脸谱为工笔勾画出的大笑脸形象，表现了他豪爽通达的性格特征。

图8-8【窦尔敦】为我国清代长篇公案小说《彭公案》中的人物。他身高八尺，项短脖粗，四方脸，面皮青中透蓝，雄眉直立，阔目圆睁，年约三旬，英气勃勃。使虎头三节棍，劫富济贫，江湖人称"铁罗汉"。但勇武有余，谋略不足。《彭公案》作者题为贪梦道人。全书100回，描写从三河县知县起家的官吏彭朋，出巡地方查办案件的一系列故事。邮票上的窦尔敦脸谱，寓粗鲁于眉间，表现了一个性情暴烈的草莽英雄形象。

孙悟空

廉颇

风筝

发行日期：1980.5.10

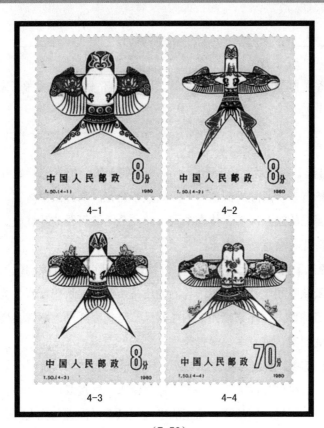

（T.50）

4-1雏燕	8分	1 500万枚
4-2瘦燕	8分	1 500万枚
4-3半瘦燕	8分	1 500万枚

4-4比翼燕　　70分　　100万枚

邮票规格：31 mm × 38.5 mm

齿孔度数：11.5度

整张枚数：50枚

版　　别：影写版

设计者：潘可明

印刷厂：北京邮票厂

全套面值：0.94元

知识百花园

这套《风筝》邮票，均是硬膀型风筝。图案选自《南鹞北鸢考工志》画诀。

邮票解析

图4-1【雏燕】画诀为六言18句："雏燕如何来画，拟人似胖娃娃。肢短头宽且大，尾小羽稀有差。双瞳瞪似秋水，两颊颜若荷花。眉开眼里含笑，黄口呢喃学话。"邮票画面上的雏燕风筝，体态丰腴，像一个活泼可爱的胖娃娃。左右两膀彩绘有盛开着的荷花，喻意新荷出水。

图4-2【瘦燕】画诀为七言38句："纤纤瘦燕舞临风，竞掠翩跹上九重。天际频传钲鼓乐，云端隐闻丝竹声。花雨阵洒仙凡路，红灯遥映碧霄宫。为貌娇姿拟人态，须将意近写神形。"邮票画面上的瘦燕风筝，俏瘦纤细，婀娜多姿，肩尾腰部均有蝙蝠、鲜桃图案，寓意多福多寿。

图4-3【半瘦燕】画诀为七言16句："新燕至秋羽初半，貌似少年弱冠容。黄口犹有童子意，青衿已具成人形。神凝两目澄秋水，气贯双眉耸剑峰。世事未谙多棱角，胸怀坦荡喜事雄。"邮票画面上的半瘦燕风筝，体态匀称大方，两对彩蝶在肩尾部翻飞，双翅为蝙蝠组成的圆形图案，寓意蛱蝶寻芳，百蝠骈臻。

图4-4【比翼燕】画诀为五言30句："比翼双燕子，同命相依依。雄羽映青彩，雌衣耀紫晖。相期白首约，互证丹心誓。展眉喜兴发，倾眄神采奕"，邮票画面上的比翼燕风筝，双头依偎，绘有花引蝶、蝶恋花图案，寓意比翼双飞，白头偕老。

联合国教科文组织中国绘画艺术展览纪念

发行日期：1980.10.8

（J60）

3-1黄山云海奇观　　　8分　　　800万枚

3-2黄鹂玉兰　　　　　8分　　　800万枚

3-3牧驼图　　　　　　8分　　　800万枚

邮票规格：（1、3图）52 mm×31 mm、（2图）31 mm×52 mm

齿孔度数：11.5度

整张枚数：40枚

版　　别：影写版

设计者：邓锡清

印刷厂：北京邮票厂

全套面值：0.24元

知识百花园

　　联合国教科文组织于1946年11月4日成立，同年12月成为联合国的专门机构，总部设在巴黎。其宗旨是："通过教育、科学和文化促进各国之合作，对和平与安全作出贡献。以增进对正义、法治及联合国宪章所确认之世界人民不分种族、性别、语言或宗教均受人权与基本自由之更普遍尊重。"其主要活动是，召开各种政府性或非政府性国际会议；举办专业讨论会、研究班、培训班，开展人员和情报的交流；举办试点项目、开展国际合作、发起国际运动，推动扫盲、文化保护事业等，并为会员国提供咨询，制定准则性文件，推动会员国签订有关教科文方面的公约，实施各种建议、宣言等。该组织的主要机构包括大会、执行局、秘书处。大会是最高权力机构，由全体会员参加，每两年召开一次。执行局是在大会闭会期间的管理和监督机构，由51名委员组成，每年举行两次会议。秘书处是常设执行机构，最高行政首长是总干事，由大会选举产生，任期6年，可连选连任。该组织的徽志图案，为联合国教科文组织的英文缩写"UNESCO"组成的该组织办公大楼外形。出版刊物有：《联合国教科文组织记事》《联合国教科文组织信使》。

　　我国是联合国教科文组织的创始国之一。1949年后曾一度与之中断关系，直到1971年才恢复合法席位。1985年我国向该组织捐款60万美元。我国人大先后批准了《亚洲和太平洋地区承认高等教育学历、文凭与学位的地区公约》和《保护世界文化和自然遗产公约》，我国的长城、秦陵兵马俑等被列为"世界遗产"。1980年10月8日，应联合国教科文组织的要求，我国邮电部发行了这套纪念邮票，3枚图案均印有该组织的徽志。

图3-1【黄山云海奇观】邮票原画为我国现代著名画家刘海粟所创作。刘海粟老人师古人而另辟蹊径，师造化而别出心裁。自1921年起，他十上黄山，风雨晦暝，晨昏寒暑，心摹手追，昼夜不舍，记其所悟，写其所得，正所谓"衣带渐宽终不悔，为伊消得人憔悴"。1981年，刘老第八次攀登黄山时说：我画黄山，先是勾线，后用积墨之法，继则用大泼墨，再创泼彩，现在我用泼水之法，方得黄山烟云吞吐之神韵。这幅黄山云海奇观图，正是刘老用此法创作的佳作之一。画面上，远山静穆而又峥嵘，千霄直上；近山轻灵而又峭奇，拔地而起。几株铁铸般的苍松后面，成片的白色云雾似海浪拍天，真是别具匠心，妙手天成，表现出变幻无穷的神秘及排山倒海般的气势。"艺术叛徒胆量大，落笔往往欺造化"，是郭沫若对刘老那种笔未到气先吞的雄健气魄的赞扬，我们从邮票上所感到的正是这种力度与气度。

图3-2【黄鹂玉兰】邮票原画为我国现代著名工笔画家于非闇在1956年画的一幅代表作。画家1888年生于北京，自幼跟父学习古文和书法，后转学工笔花鸟画，初学陈老莲，后学宋元花鸟，重点研究赵佶的作品。他师古而不泥于古，画花要求"活色天香"，画虫鸟要求"活泼可爱"，勾线要求"应物象形，灵活运用"，设色主张"柔婉鲜华"，因此造诣日深，创立了自己独特的风格。这幅黄鹂玉兰图，画家采用雕青嵌绿的工笔重彩画法，用石青填底色表现了晴朗的天空，衬托着一对金光灿灿的黄鹂，飞舞在迎风摇曳的雪白玉兰花枝头。两只黄鹂顾盼生情，玉兰花枝穿插有致，花朵娇嫩，姿态万千，带来一阵"玉树临风，莺簧百转"的盎然春意。画家题款"仓庚耀羽，玉树临风"8字（仓庚即黄鹂），即表达了此意。

图3-3【牧驼图】邮票原画为我国现代著名画家吴作人于1980年春所创作。茫茫沙漠，寒热骤变，飞沙走石，环境恶劣，唯有骆驼，耐饥耐渴，能嗅出远处的水源，预感风暴的到来，且有极大的驮载力，在沙漠中畅行无阻，实为"沙漠之舟"。早在40年代，吴作人在西北大沙漠写生时，就经常离不开骆驼，深深感受到骆驼所具有的种种美德，他说："骆驼是另一种力的表现。它任重道远，负重耐劳，有着坚强的意志和坚韧不拔的性格。"因此，画家笔下的骆驼，粗犷中交织着细腻，蹒跚中蕴含着力量，表现力大，感染力强，给人以深刻的印象。这幅牧驼图，画面虽无绿洲，也无红旗，但却充满了一片生机，体现了画家含蓄、细腻、开阔、雄放的画风。

宫灯

发行日期：1981.2.19

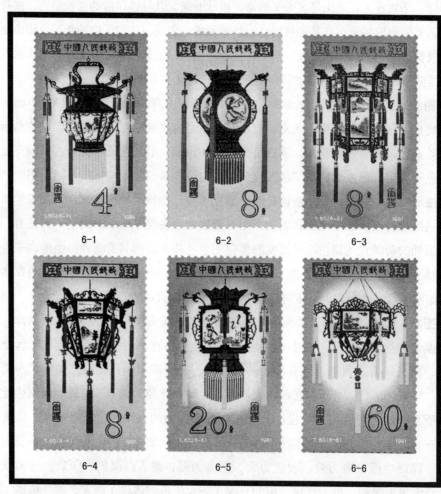

6-1 6-2 6-3

6-4 6-5 6-6

（T. 60）

6-1花篮灯　　4分　　635.16万枚

6-2龙球灯　　8分　　960.66万枚

6-3龙凤灯　　8分　　1 064.66万枚

6-4宝盆灯　　8分　　1 063.66万枚

6-5草花灯　　20分　　359.66万枚

6-6牡丹灯　　60分　　121.16万枚

邮票规格：31 mm×52 mm

齿孔度数：11.5度

整张枚数：40枚

版　别：影写版

设计者：邹建军

印刷厂：北京邮票厂

全套面值：1.08元

知识百花园

进入了宫廷的灯笼，经能工巧匠精心特制，故名宫灯，是我国驰名的特种手工艺品。其制作工艺比较复杂，用骨刻、烧蓝、雕竹、雕木、雕漆、镂铜等做骨架，然后镶上绢纱、玻璃或牛角片，上面彩绘山水、人物、花鸟、虫鱼、戏剧故事或各种吉祥喜庆的题材，也有的嵌上各种玉石显得更为华贵。宫灯既能照明，又能点缀环境，种类很多。用于室内的有珠穗流苏的挂灯，放在座椅旁边的高架戳灯，桌案上玲珑秀丽的座灯；用于室外的有门口挂的风灯，庭院中的挂灯和各式壁灯；另外，还有手持移动的把灯、引路照明的提灯等等。宫灯造型变化很多，有四方、六方、八角、圆珠、花篮、方胜、双鱼、葫芦、盘长、艾叶、银镜、套环等，均各尽其妙。现在北京故宫中陈列的明清两代作品"山水壁灯""六角挂灯""瓶式桌灯""寿字提灯"等，都反映了我国宫灯制作的高超工艺水平。我国汉代以后的各个朝代都制作宫灯。据《铁围山丛谈》记载，钱塘龙华寺旧藏藕丝灯，是502年南朝梁武帝时制作的，"穷极妙幻"，奇特不可名状。据宋朱弁《曲洧旧闻》中记载："上元张灯，自唐

认识邮票中的艺术世界

时沿袭"。"本朝太宗三天不禁夜"。说明正月十五观灯的习俗，自唐朝已经开始了。据传明太祖朱元璋建都南京后，为使京城热闹，把灯节定为10夜，正月初八上灯，十七落灯。明成祖朱棣迁都北京后，仍将灯节定为10天。北京市区灯市口大街，就是当时最大的灯市。清朝末年，封建统治逐渐瓦解，民间的宫灯制作有了一些发展。当时北京前门外廊房头条，出现了文盛斋等十几家灯笼铺，专门经营和制作宫灯，因此外国人称这条街为"灯笼大街"。辛亥革命后，宫灯成了古玩，引起了国内外大批商人的兴趣。1915年北京宫灯首次被送到巴拿马万国博览会展出，受到国际好评，并获金奖，从而蜚声海外。北京人民大会堂和历史博物馆的十二方大吊灯和大八方吊灯上面，都镶有乳白色磨沙玻璃，庄重大方，显示出我国杰出的宫灯制作工艺。

这套《宫灯》特种邮票共有6枚，均为紫檀骨架制作的饰有珠穗流苏的挂灯，选在1981年2月19日发行，因为这一天正好为元宵灯节。

邮票解析

图6-1【花篮灯】花篮，一种民间工艺品，由麦秸、竹片、蒲草等材料编织而成，以作盛花之用。邮票画面上为一只花篮式挂灯，玻璃上绘有花木图画。

图6-2【龙球灯】龙球，为一种宫廷玩物，一般由毛毡等软材料制成，外表绘有龙的图案，为民间戏耍时作为导引之物，邮票画面上为一只龙球式挂灯，四周的玻璃上彩绘美女人物。

图6-3【龙凤灯】邮票画面上的一只挂灯，在镶嵌的玻璃上绘有山水风光。

图6-4【宝盆灯】聚宝盆，在许多动人的故事和传说中，总带给人无限的希望和遐想。邮票画面上，为一只宝盆式挂灯。

图6-5【草花灯】草花，即花草。邮票画面上，为一只草花式挂灯，玻璃罩上彩绘着喜鹊登梅、仙鹤踏松等图案。

图6-6【牡丹灯】牡丹，百花之王，富贵的象征。邮票画面上，为一只牡丹花式挂灯，玻璃上绘有金鱼水草，光彩照人，富丽堂皇。

盆景艺术

发行日期：1981.3.31

（T.61）

6-1柳榆　　　4分　　　555.66万枚

6-2圆柏　　　8分　　　1 150.66万枚

6-3银杏　　　8分　　　1 100.66万枚

6-4桧柏　　　10分　　　519. 66万枚

认识邮票中的艺术世界

91

6-5油柿　　　20分　　　521.66万枚

6-6翠柏　　　60分　　　186.66万枚

邮票规格：（1～3图）31 mm×38.5 mm、（4～6图）38.5 mm×31 mm

齿孔度数：11.5度

整张枚数：50枚

版　　别：影写版

设计者：吴建坤

印刷厂：北京邮票厂

全套面值：1.10元

知识百花园

　　盆景效仿大自然的神姿风采，是经过人工制作，造出的一个充满诗情画意的小景观。两千多年前的西汉，即有了盆景之说。有文献记载，盆栽始于晋代。六朝梁代萧子显写的《南齐书》中，已有"刻山石"的记述。唐人冯贽《记事珠》载："王维以黄瓷斗贮兰蕙，养以绮石，累年弥盛。"1972年在陕西乾陵发掘的唐代章怀太子李贤的墓中壁画上，即描绘有侍女手托盆景的画面。宋代出现了记载盆景制作的专著，有以奇岩怪石配置灵芝并供养几案的记述。现藏于北京故宫的两幅南宋著名的《十八学士图》，画中的大理石案上就有一盆珍松，形制异常精巧。宋代《太平清话》一书，也曾提到文人墨客自制盆景一事。明代关于盆景的诗画、著述则更多了，当时的盆景以培养松竹为上品，陈设几案为第一。据陆廷灿的《南村随笔》记载："择花树修剪，高不盈尺，而奇秀苍古，具虬龙百尺之势""载以佳盎，伴以白石，列之几案""俨然置身于长林深壑中。"到了清代，供养盆景之风更盛极一时，制作盆景的材料也更为丰富，包括如小罗汉松、六月雪、雀梅、榔榆、红枫、黄杨、桧柏等林木和砂石片、龟纹石、石笋石、龙骨石等多种山石材料。清代的园艺名典《茌镜》，对盆景作了更为详尽的记述。我国的盆景分为树桩盆景和山水盆景两大类。这套邮票的6幅图案均为树桩盆景。

树桩盆景简称桩景。泛指用以观赏植物根、干、叶、花、果的神态、色泽和风姿的盆景。多选取姿态美、株叶小、寿命长、易造型的植物入盆。根据它们的生态特点，经修剪、整枝、吊扎、嫁接等加工培养，长期控制其生长发育，使之具有独特的艺术造型。如同把山野里的树木缩小在盆里一样，有的枝叶扶疏，有的花果繁盛，有的傲然挺秀，有的亭亭玉立，千姿百态，各尽其趣。在长期的发展过程中，我国的盆景制作出现了南北差异，形成许多带有浓厚地域特色的不同流派。其中树桩盆景较有代表性的风格有苏北杨派，即以扬州、秦州为代表，其特点是将枝叶剪成"一寸三弯"的云片，相传此派始于唐代，盛于明清，常用松、柏、榆、杨等树种。而苏南桩景，则多从山野挖掘古桩，精心养护，经剪裁，或巍然挺立，或老干横生，以自然古朴、清秀淡雅见胜。广东岭南派桩景，以九里香、雀梅、榆、福建茶、满天星为多，在佛山、湛江、汕头等地均有栽植，此派着重修剪、整形和构图布局，模拟绘画技法，故盆景也多以画题名，如"岁朝图""青松赞"等。北方盆景的各流派代表，当首推北京历朝宫廷遗存的"桂桩盆景"。此外，丰台民间的"屏风式"迎春桩景，山东曹州、济南等地的"屏风式"桩景也各有特色。近年来，盆景制作工艺又有了新的突破，出现了新颖别致的"挂壁式""水旱式""雾化式""微型""异型"等桩景，琳琅满目，百花齐放。选用花盆也十分讲究，多用宜兴丁山所产紫砂盆钵，也有用瓷质或石质的，均与盆中景物相协调，并配以典雅精致的几架，可互为补充映衬，相得益彰。桩景类型有直干式、卧干式、悬崖式、露根式、蟠曲式、枯梢式、枯峰式、附石式、劈干式、靠贴式、以及一树多干、合栽成林等式样。植物以柏类为主，其余有榔榆、银杏、油柿等，桩景中最常见的还有松、竹、梅。这套树桩盆景邮票，反映了我国盆景作品的造型优美和技术精湛。

邮票解析

图6-1【榔榆】邮票画面为一盆直干式榔榆桩景。古朴挺拔，淡雅清秀。榔榆即"脱皮榆""小叶榆"，榆科，为落叶乔木，高可达25米。树皮成不规则鳞片脱落。小枝细。叶窄椭圆形，单锯齿，羽状脉。秋季开花。翅果椭圆卵

形。分布于我国黄河流域及以南各地。喜阳光，耐干旱瘠薄，生长较慢。木材坚实，供造船、车辆、农具之用，树皮可作蜡纸及人造棉，又可制绳索，根皮、嫩叶可入药。

图6-2【圆柏】邮票画面为一盆卧干式圆柏桩景。生机盎然，苍劲有力。圆柏即桧柏，柏科，常绿乔木，高可达20米。树冠圆锥形。叶有鳞形和刺形两种。雌雄异株，有时同株。分布于我国黄河流域和长江流域一带，幼株比较耐阴，对土壤要求不严格，寿命可达数百年，插枝繁殖者生长快。木材淡黄褐色，细致坚实，有芳香，耐腐，供建筑及制家具、工艺品、绘图板、铅笔杆等用。枝叶可入药。根、干、枝叶可提取挥发油。种子可提取润滑油。也可作绿化树。

图6-3【银杏】邮票画面为一盆直干式银杏桩景。老干古朴，新枝勃发。银杏又称"白果树""公孙树"，银杏科，落叶乔木。枝有长枝和短枝。叶扇形，在长枝上螺旋状散生，短枝上簇生状。雌雄异株。种子核果状，椭圆形或倒卵形，熟时呈淡黄或橙黄色。系孑遗植物，为我国特产，现在普遍栽培。种仁供食用，但多食则中毒。外种皮可提取栲胶。木材淡黄色，细致、轻软，供建筑、家具、雕刻及其他工艺品用。种子可入药，性平、味苦涩，有小毒，主治痰哮喘咳、遗精、带下、小便频数等症。亦为绿化树。

图6-4【桧柏】邮票画面为一盆悬崖式桧柏桩景。悬崖倒挂，胜似天险。桧柏即圆柏。

图6-5【油柿】邮票画面为一盆卧干式油柿桩景。柿果金黄，老干造型犹如骏马，雄健奔放。油柿，柿树科，落叶乔木。树皮灰白色。小枝和叶柄有黄褐色短柔毛。叶片阔卵形或披针形，背面有毛。夏初开花，子房有短柔毛。果实金黄色。我国浙江、湖南、四川、云南等地有野生油柿。果实专供取涩汁，称"柿漆"，可染渔网、漆雨伞、雨帽等。

图6-6【翠柏】邮票画面为一盆露根式翠柏桩景。枝蔓根皱，苍劲不驯。翠柏泛指一般柏树。柏树为常绿乔木，叶鳞片状，果实为球果。木材质地坚硬，可用作建筑材料。可营造防护林。

中国陶瓷——磁州窑系

发行日期：1981.4.15

(T.62)

6-1 宋代·双虎纹瓶　　4分　　520.66万枚

6-2 金代·黑釉剔花瓶　8分　1 069.66万枚

6-3 现代·杏花双耳瓶　8分　1 076.66万枚

6-4 元代·双凤纹罐　　8分　1 012.66万枚

6-5元代·龙凤纹扁壶　　10分　545.66万枚

6-6现代·双虎耳罇　　60分　156.66万枚

邮票规格：（1、3图）30 mm×40 mm、（2、4、5、6图）40 mm×30 mm

齿孔度数：（1、3图）11.5×11度、（2、4、5、6图）11×11.5度

整张枚数：50枚

版　　别：影写版

设计者：万维生

印刷厂：北京邮票厂

全套面值：0.98元

知识百花园

　　磁州窑是我国宋代北方著名的民窑，以烧造白地黑（褐）花瓷器为主。窑址分布在河北省邯郸的观古镇东艾口村和磁县冶子村一带的漳河两岸，这一带古称磁州，故称磁州窑。

　　磁州窑开烧于宋代中期，元代以后逐渐衰落，历时约500年之久。它继承了唐代北方烧制白瓷的民窑传统，又以釉下彩技法为元代青花瓷器的诞生奠定了基础。磁州窑因纯系民营瓷窑，没有受到宫廷和官府的干扰，因而其产品极为丰富，风格朴实明快，极富生活情趣，具有浓郁的民间色彩。匠师们把日常生活俯拾皆是的事物予以概括，用纯熟简练的笔法画在瓷面上，使人感到格外亲切。作品中采用了以白地釉下黑花、划花、剔花、印花，还有精致的珍珠地划花，釉上加红绿彩绘，三彩以及黑釉、白釉为形式的多种装饰技法。烧制的器物有盘、碗、瓶、壶、枕、盆、罐等日常生活用品。纹饰有鸟兽、虫鱼、花卉、婴戏和民间传说故事等。

　　数百年来，磁州窑及其丰富多彩的装饰风格影响了大江南北的瓷器制作，对河南、河北、山东、山西、陕西、安徽等地的古瓷窑遗址的发掘表明，其作品均与磁州窑类似，因此，统称其为磁州窑系。而在福建泉州、江西吉安、四川广元等地的窑也都烧制了具有磁州窑特征的釉下彩绘品种。不仅如此，元代磁州窑制品还远渡重洋行销海外，日本广岛、冲绳岛古遗址里出土有元代磁州窑制品碎片，证明那时就已销往日本本土及琉球群岛了。1976年在韩国木浦市新安海底发现一艘我国元

代沉船，打捞出瓷器1万多件，绝大部分是元代景德镇青白瓷和浙江龙泉青瓷，其中有磁州窑釉下彩绘云龙罐，是这一名窑产品走出国门的实证。

这套《中国陶瓷——磁州窑系》特种邮票的6枚图案，均以王露的摄影照片为底稿，运用写实手法，采用冷色调，使器物在浓重背景的衬托下，更显大方庄重。

邮票解析

图6-1【宋代·双虎纹瓶】瓶高32.1厘米，口径7.1厘米，足径9.9厘米。口底大小相差无几，腹部稍宽，瓶身细长，形如橄榄，上划对称两虎，张牙舞爪，搏斗于草莽之中；底为仰复莲花纹。为磁州窑系的河南登封窑烧制，是北宋珍珠地划花代表作品，现藏北京故宫博物院。珍珠地划花创始于河南密县西关窑，它是在器物立体图案的间隙戳印小圆圈，系模仿唐代金银器錾花工艺而烧制。后流行于河南、河北、山西三省瓷窑，以登封窑产量最多，磁州窑彩色最好。

图6-2【金代·黑釉剔花瓶】瓶高24厘米，口径4.3厘米，小口，鼓腹呈球形，平底。上半部为黑色剔花牡丹纹，下半部为黑釉，系1955年5月于山西省天镇县逯家湾乡夏家沟村出土。造型饱满，釉色光亮，线条纹饰生动流畅，是黑釉剔花的上乘之作，现藏北京故宫博物院。剔花技法始于北宋，即把纹饰以外的地方剔去，使纹饰具有浮雕感。

图6-3【现代·杏花双耳瓶】此瓶口底相当，瓶身细长，双耳对称，光泽明亮。瓶身为黑地彩绘图案，杏花露白、花苞泛黄，枝叶簇拥、绿意掩映，色彩鲜艳，工艺精美。

图6-4【元代·双凤纹罐】罐体较大，腹部鼓胀饱满，上绘对称双凤，作振翅飞翔状，白地黑花。1969年11月于北京良乡元代窖藏出土。

图6-5【元代·龙凤纹扁壶】壶体扁平，器口极小，壶体绘有龙凤纹，为元代常见的纹饰。此壶极富蒙古族器物特色，只是磁州窑有少量出品。现藏河北省博物馆。

图6-6【现代·双虎耳罇】又作"樽"，为古代盛酒器具。罇体上半部为筒状，下半部为鼓腹，但口底相当，纹饰线条流畅。尤其是以两只猛虎为耳，造型奇特，别具匠心，为现代磁州窑瓷器之佳作。

中国古代钱币（第一组）

发行日期：1981.10.29

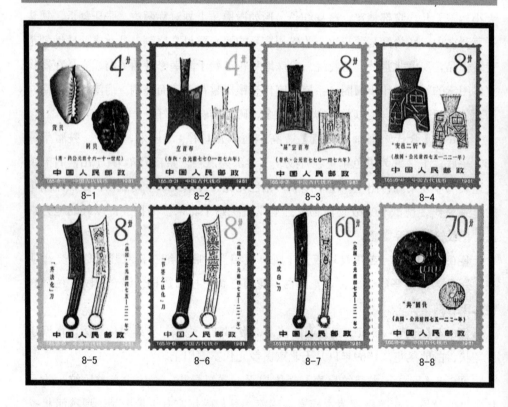

（T.65）

8-1货贝、铜贝	4分	448.16万枚
8-2空首布	4分	540.16万枚
8-3 "鬲"空首布	8分	973.16万枚

8-4 "安邑二釿"布	8分	1 220.16万枚
8-5 "齐法化"刀	8分	1 022.16万枚
8-6 "节墨之法化"刀	8分	1 017.16万枚
8-7 "成白"刀	60分	156.16万枚
8-8 "共"圜钱	70分	162.66万枚

邮票规格：30 mm×40 mm

齿孔度数：11.5×11度

整张枚数：50枚

版　别：影雕版

设计者：卢天骄

雕刻者：呼振源、阎炳武、赵顺义、高品璋、李庆发、孙鸿年

印刷厂：北京邮票厂

全套面值：1.70元

知识百花园

货币是人类社会在一定历史条件下的必然产物，它的出现和发展是以财产的私有、商品的交换为前提的。货币形成的初期，常以牛羊、布帛、皮毛、珠玉、龟甲等，作为交换的等价物。

这套《中国古代钱币》（第一组）特种邮票的内容为中国货币的先秦部分，8枚邮票的具体图案由中国社会科学院考古研究所和中国历史博物馆协助选定。

邮票解析

图8-1【货贝、铜贝】邮票画面上，为河南安阳出土的商代使用的海贝及仿海贝形铸造的铜质贝形货币。

图8-2【空首布】邮票画面上，为山西候马出土的春秋时期晋国使用的铲形货币。尖肩尖足，长柄方銎（即按柄的长方孔），上大下小，一般长13厘米，素面无文字，背面有三条垂线纹。在候马还发现了空首布的铸造场，说明

春秋晚期，晋国已流行此种货币。另外，在河南洛阳、孟津等地，还发现刻有"东周"二字的空首布，说明这种布系周人所造。周空首布流行时间较长，一直到战国时期。

图8-3【"鬲"空首布】邮票画面上，为河南伊川出土的春秋时东周使用的铲形货币。平肩园足，常带有地名。"鬲"，古国名，古有鬲氏，夏代的诸侯，今安徽西北有故鬲城。

图8-4【"安邑二釿"布】邮票画面上，为战国时期魏国在安邑地区使用的铲形货币。平首园肩桥足。安邑，传说舜、禹皆都于此。魏武侯二年（前395年）亦都安邑。秦代置县，属河东郡。北魏置安邑郡。以后改安邑为夏县，清代属山西解州。1958年并入山西省运城县。釿是战国时代的重量单位，一釿约合14克。

图8-5【"齐法化"刀】邮票画面上，为战国时期齐国在齐城（今山东临淄）地区使用的刀形货币。齐刀体大厚重，柄端有环，柄身有裂沟。通体长约17厘米，重45克左右。制作较精致，多出于山东济南、兖州以东地区。齐在今山东境内，为战国七雄之一。

图8-6【"节墨之法化"刀】邮票画面上，为战国时期齐国在节墨地区使用的刀形货币。"节墨"为古地名，"节""即"，古字通。"节墨"即"即墨"。即墨为战国时齐国一大都会，城临墨水，故曰即墨。汉代属胶东国，在古莱州府平度州东南60里，今山东省平度县东南。即墨刀铸造得精炼厚重，传世较多。

图8-7【"成白"刀】邮票画面上，为战国时期赵国（都城为邯郸）使用的刀形货币。形状厚重，但铜质较差，曲柄，一面平无廓。据《史记》记载：周武王子郎叔封于成，传数世至郎伯。郎为古鲁国地，成为郎的省写；白为"伯"字省写。此刀币为战国时郎伯所铸，故名"成白"刀。

图8-8【"共"圆钱】邮票画面上，为战国时期魏国在共地使用的圆形货币。圜钱即圆钱，或环钱。因铸地不同，而有轻重薄厚大小之分，无文而厚重者为先，著文而轻小者为后，钱文有纪地和纪值的不同。"共"圆钱，即为纪地的。春秋时有共国、共邑，其地靠近卫都，后为卫国所并。战国时属魏。汉代属河内郡共县。隋代称共城。在共城东北百步有共山。唐代为汲郡共县。其地在今河南省辉县境内。

中国古代钱币（第二组）

发行日期：1982.2.12

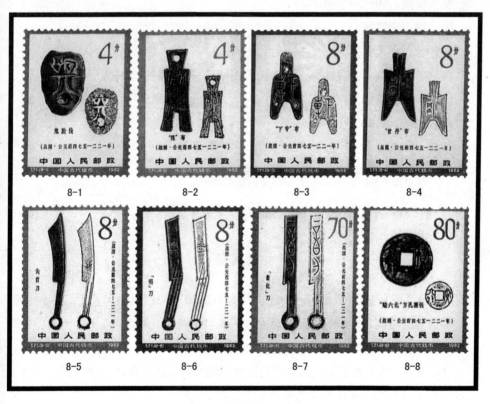

（T.71）

8-1鬼脸钱	4分	470.16万枚
8-2 "殊"布	4分	468.66万枚
8-3 "下专"布	8分	761.66万枚

8-4 "甘丹"布	8分	657.16万枚
8-5尖首刀	8分	788.16万枚
8-6 "明"刀	8分	838.91万枚
8-7 "晋化"刀	70分	312.66万枚
8-8 "賹六化"方孔圆钱	80分	258.16万枚

邮票规格：30 mm×40 mm

齿孔度数：11.5×11度

整张枚数：50枚

版　别：影雕版

设计者：卢天骄

雕刻者：孙鸿年、姜伟杰、赵顺义、阎炳武、呼振源、李庆发

印刷厂：北京邮票厂

全套面值：1.90元

知识百花园

这套《中国古代钱币》特种邮票的内容为先秦货币。

邮票解析

图8-1【鬼脸钱】为战国时期楚国仿海贝而铸造的铜质贝形货币，俗称鬼脸钱。椭圆形，通高1.8厘米，重约3克左右。多出于湖北、湖南、江苏、豫南、鲁南一带，在安徽寿县等地还发现过铸造这种钱的铜范。

图8-2【"殊"布】为战国时期楚国使用的铲形货币，俗称"殊"币。为楚国所铸，分大小两种。大的是"殊币当鍨"，重31至37克，背文有"十货"二字，即一枚大钱可当十个货钱，即十个铜贝钱。在徐州一带有出土，考证为战国末期楚国北部地区铸造。小的是"四币当鍨"，即四枚小钱当一枚大钱，重7.5克左右，面文"四币"，背文"当鍨"。殊币钱发现的很少，是古钱币中之珍品。

图8-3【"下专"布】为战国时期秦国（都城咸阳）使用的铲形货币。圆首圆

肩圆足，首及两足各有一孔，俗称三孔布。它是最早的朱两（后作铢）货币。以朱两标明币值是秦钱的特征。

图8-4【"甘丹"布】为战国时期赵国在邯郸地区使用的铲形货币。甘丹，即赵国都城邯郸之简写。甘丹币为赵国所铸之布币。个体较大，平首平肩尖足。《古钱大辞典》称它"轻薄如叶，为布币之奇品"。

图8-5【尖首刀】为战国时期燕国使用的刀形货币。首尖、弓背、长柄、一端带有圆环。刀上往往有"六""八"二字。通常发现于河北保定、辽南、山东等地。

图8-6【"明"刀】为战国时期燕国使用的刀形货币，俗称"明"刀。此种货币是燕国约在公元前350年以后铸的，它比齐刀轻小，流通范围很广，在北京、天津、河北、内蒙古、辽宁、吉林，甚至朝鲜半岛、日本都有发现。且出土量也很多，可见它是战国时代发行量很大的一种货币。河北易县出土过泥质的明刀范，一范能铸5枚明刀。

图8-7【"晋化"刀】为战国时期赵国在晋阳（今山西太原）地区使用的刀形货币。刀背平直，体小，俗称"晋化"小直刀。

图8-8【"赗六化"方孔圜钱】为战国时期齐国在今山东益都地区使用的圆形货币。战国中晚期，齐国开始铸造这种方孔有廓圆钱，有"赗六化""赗四化""赗二化""赗化"四种面额，大小重量依次递减。"赗六化"为最大面额。这种货币常出土于济南以东地区。

鬼脸钱

明、清扇画面

发行日期：1982.7.31

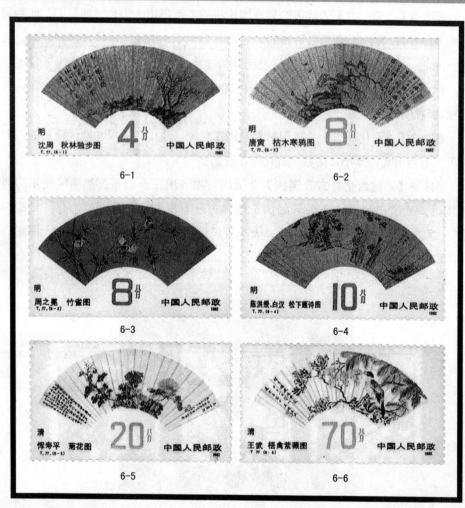

明
沈周 秋林独步图
T. 77. (6-1)　4八分　中国人民邮政 1982
6-1

明
唐寅 枯木寒鸦图
T. 77. (6-2)　8八分　中国人民邮政 1982
6-2

明
周之冕 竹雀图
T. 77. (6-3)　8八分　中国人民邮政 1982
6-3

明
陈洪绶、白汉 松下题诗图
T. 77. (6-4)　10八分　中国人民邮政 1982
6-4

清
恽寿平 菊花图
T. 77. (6-5)　20八分　中国人民邮政 1982
6-5

清
王武 梧禽紫薇图
T. 77 (6-6)　70八分　中国人民邮政 1982
6-6

（T. 77）

6-1明·沈周·秋林独步图　　　　　4分　　555.66万枚

6-2明·唐寅·枯木寒鸦图　　　　　8分　　1 312.16万枚

6-3明·周之冕·竹雀图　　　　　　8分　　971.16万枚

6-4明·陈洪绶、白汉·松下题诗图　10分　514.16万枚

6-5清·恽寿平·菊花图　　　　　　20分　621.16万枚

6-6清·王武·梧禽紫薇图　　　　　70分　352.16万枚

邮票规格：52 mm×31 mm

齿孔度数：11.5度

整张枚数：40枚

版　　别：影写版

设计者：许彦博

印刷厂：北京邮票厂

全套面值：1.20元

知识百花园

　　这套《明、清扇面画》特种邮票1套6种，均为这两个朝代的名家精品，也堪称我国扇面画的代表之作。票底以浅色衬托，主次分明，色彩清丽，整个构图端庄、淡雅、古朴，极富艺术魅力和欣赏价值。

邮票解析

　　图6-1【明·沈周、秋林独步图】沈周（1427～1509），字启南，号石田，晚号白石翁，江苏长洲（今苏州）人。他一生不应科举，优游林下，专门从事诗文书画的创作，是明代中期"吴门画派"的创始人，为明四家之一。在绘画史上，他继承了五代董源、巨然，元代黄公望、吴镇等人的画法而有所创造，长于山水，兼工花卉、禽鸟。其笔法坚实浑厚，而气势雄伟豪壮。明末清初画家程正揆评说："看石田画，如看壮士舞剑。"他的诗学白居易、苏轼、陆游，感情奔放，博大宏伟。书法则学宋代黄庭坚，道劲奇崛，形神兼具。《秋林独步图》近处起伏错落的山石上，点缀着散乱的败枝残禾。两株古树，叶子落尽，但在秋风萧瑟中，依然挺立摇

曳。树下一老者，衣衫单薄，脚步蹒跚，策杖而行。画面左上首沈周自题小诗曰："兀兀小桥外，独行人不知。秋风将落叶，故向鬓边吹。"触景生情，自然含蓄，表达了光阴易逝，人生迟暮的感受。扇画笔法粗而豪，方而壮，书体仿黄庭坚，正是沈周典型的风格。

图6-2【明·唐寅·枯木寒鸦图】唐寅（1470-1523），字子畏，又字伯虎，号六如居士、桃花庵主、逃禅仙吏等，江苏吴县人。少年时代，才华出众，29岁即获南京应天乡试第一名解元，名动江南。但在第二年入京会试时，却因"贿题"一案受牵连，无辜受辱，永远取消了功名仕进的资格。这一打击，使他的思想发生突变，身经人间冷暖、世态炎凉，认识到封建社会中官场的黑暗。从此他便采取了放浪形骸、玩世不恭的生活态度，自称"江南第一风流才子"，因此，流传着许多关于他的民间故事。他擅长画山水、人物和花鸟。山水画继承了宋代李唐的画法，并兼采元人的韵致，皴法清劲细长，墨色秀润，景致简明。《枯木寒鸦图》是唐寅专门送给一位即将出远门的朋友的。他不画它物，却只画一株历尽沧桑的蟠屈老树，远处飞来数只乌鸦，有的盘旋，有的落定，看上去是何等的荒凉萧索，但细细品味，却自有一番深意。画中有题诗一首："风卷杨花逐见归，送君此去听朝鸡。谁知后视相思处，一树寒鸦未定栖。"寄托了他对友人的深情厚谊。构图别致，意味深长，这也许正是作者的不同寻常之处。

图6-3【明·周之冕·竹雀图】周之冕（1521-?）字服卿，号少谷，长洲（今苏州）人。为明万历年间花鸟画能手。他画花用工笔勾勒，画叶用粗笔泼墨写意，被称为"勾花点叶体"，别具一番风味。当时著名文人王世祯评道："胜国以来，写花草者，无如吾吴郡，自启南之后，无如陈道复（淳），陆叔平（治）。然道复妙而不真，叔平真而不妙，周之冕似能兼二子之长。"《竹雀图》描绘了几只麻雀在竹枝间鸣噪嬉戏。此图画竹用双勾，麻雀也描绘得很细腻，更多地吸收了宋代画作的风格，不同于自己惯常所用的"勾花点叶"的方法。表明画家学习之广泛。这件作品对于全面了解和评价周之冕的艺术造诣很有价值。

图6-4【明·陈洪绶·白汉·松下题诗图】陈洪绶（1598-1652），字章候，号老莲，浙江诸暨人。4岁时，他就能在白粉墙上画一丈多高的关羽像。年轻时，曾从著名学者刘宗周学习。其门下有不少爱国志士。清兵入浙东时，他便入绍兴云门寺为僧，自号悔迟，表示对清王朝的不屈服。后在杭州、绍兴一带，以卖画为生。在绘画上，他最初师法蓝瑛，后来自创风格。山水、花鸟，勾勒精细，设色清

丽，富有装饰趣味。人物线描遵从宋代李公麟模式，并加以变化创新，用笔细劲清圆，柔中有刚。人物造型的躯干伟岸，多有夸张，甚至变形，大胆突破前人常规，创作出许多具有深刻思想内容的作品。白汉，名觉徽，号白汉，是一名僧人，乃陈洪绶的学生。《松下题诗图》，人物为陈洪绶所绘，造型丰满，用线细腻，充分体现了他的作画风格。白汉所绘的松树，亦挺拔苍劲，用线设色，均与人物如出一辙，足见两人心意相通，合作之默契。

图6-5【清·恽寿平·菊花图】恽寿平（1633-1690），原名格，字寿平，后以字行。更字为正叔，号南田，江苏武进（今常州）人。其父曾参加反清活动，后失败父子离散，寿平被俘，父以计脱之。他对清政府仇恨至深，始终不仕，贫苦终生。他最初跟叔父恽向学画山水，后见到王翚（字石谷）之作，自认不如，但耻居第二，于是改画花卉，创“没骨法”。其特点是不用墨笔勾勒然后敷彩，而是笔墨颜色同时使用，粉笔带脂。这种方法别开生面，一洗时习，但他却托名于北宋徐崇嗣。其作品真实生动，清新雅丽，浓而不艳，贵而不俗，明洁雅淡如笼纱，如水洗，如琪花瑶草，因而赢得了当时上层社会人士的赞赏，被称为“写生正派”。凡学他这种画法的，均称为“常州派”。《菊花图》画面为白、黄、紫三种不同的菊花，题名为《南山真想》，是取自陶渊明“采菊东篱下，悠然见南山”的典故，寄托其隐逸的思想。画中题字记述了这幅画的创作过程。丙辰年秋夜，他在武进（今常州）半园（唐宇昭庭园）与唐长公唐芮讨论没骨画法，触景生情，为良士二兄（即唐芮之弟）画了这幅扇画，题字为：“南山真想。丙辰秋夜在半园对花写影良士二兄鉴之弟寿平。”同年冬，良士二兄割爱，将此扇面赠给朋友。雪夜秉烛，恽寿平重题：“三种菊花，为半园良士所图。时与唐长公斟酌没骨画法，祖法宋人规矩，兼师造化，逸趣飞翔，庶几洗脱时径。适娄东公衡王子一见亟赏之，辄效米颠据舡故事。良士自是快友，割爱相赠。雪夜秉烛属寿平重题以志一时盛会云。”

图6-6【清·王武·梧禽紫薇图】王武（1632-1690），字勤中，号忘庵，长洲（今苏州）人。其六世祖王鏊是明代的户部尚书文渊阁大学士，家里富于古书画的收藏。他与其兄王式继承了这份家业，使得他们能够对前人的名画进行临摹学习，积累下较深厚的传统功力。当时名画家王时敏称赞他说：“近代写生家多画院气，独吾勤中所作，神韵生动，应在妙品中。”《梧禽紫薇图》，描绘了在花团锦簇的紫薇丝中，一只喜鹊正栖息在绿叶披挂的梧桐枝上，仰天鸣叫。挥洒数笔，便展现出一派生动而温馨的夏日风光。可见画家之造诣不同凡响。

辽代彩塑

发行日期：1982.11.19

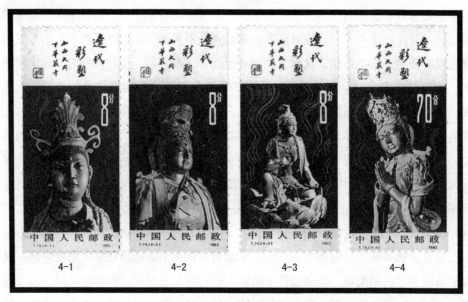

（T.74）

4-1菩萨头像	8分	1 156万枚
4-2菩萨胸像	8分	966万枚
4-3莲花童子	8分	941万枚
4-4菩萨半身像	70分	299万枚
小型张 菩萨头像	2元	82万枚

邮票规格：27 mm×60 mm

小型张规格：132 mm×80 mm，其中邮票尺寸：40 mm×60 mm

（T.74 小型张）

辽代彩塑

山西大同下华严寺

全国重点文物保护单位之一的山西省大同市下华严寺薄伽教藏殿，始建于辽代重熙七年（公元一〇三八年），距今已有九百多年的历史。殿内保存完好的三十一尊辽代塑像，或立、或坐、或正、或侧，身态优美，容貌丰满，表情生动，衣饰飘带流畅自然，塑法罕见，是国内辽塑中少见的精品。

齿孔度数：11度；11×11.5度（小型张）

整张枚数：35枚

版　别：影写版

设计者：刘硕仁

印刷厂：北京邮票厂

全套面值：0.94元

小型张面值：2.00元

知识百花园

《辽代彩塑》特种邮票，取材于山西大同下华严寺的塑像，为辽塑中的精品。华严寺位于大同市西南，是依据佛教《华严经》修建的寺院，分上、下两寺。上华严寺的主要建筑为大雄宝殿，其总面积为1 559平方米，是我国现存的辽金时代最大的佛殿，以规模宏大和壁画精美著称于世。下华严寺的主要建筑为薄伽教藏殿，始建于辽重熙七年（1038），距今已有900多年的历史了，以建筑精巧多样和辽代彩塑闻名遐迩。薄伽是梵语，意译为"世尊"，即释迦佛的十个名号之一。教藏是佛教经典之意。自辽代中叶以来，薄伽教藏殿就是华严寺藏经之处，大殿内南、西、北三面均有木制经橱，现藏有明清两代经文1.8万多册。大殿佛坛正中供养着燃灯、释迦、弥勒三世佛，佛坛四隅置弟子阿难、迦叶塑像各2尊，文殊、普贤、观音、地藏菩萨塑像共4尊，护法天王像4尊，供养童子像4尊及各类胁侍菩萨像10尊。这些塑像或蹲、或跪、或坐、或立、或扬手、或投足、或仰首、或俯视，栩栩如生，神志各异，既庄严肃穆，又具生活气息，充分显示了辽代雕塑的高超技艺。郭沫若生前曾题词评价："下华严寺薄伽教藏塑像，乃九百二十六年前故物，比例合乎自然，表情特别生动，余以为较太原晋祠圣母殿塑像为佳，诚为不可多得之艺术作品，宜尽力加以保护。"

邮票解析

图4-1【菩萨头像】菩萨在佛教中是释迦牟尼未成佛时的称号，意为"发大心的人"。后来泛指佛经中所说的宣扬并实行大乘佛教的人。一般对崇拜的神灵偶像，也称为菩萨。邮票画面上，为一尊正面端坐的菩萨头像。方面大耳，头戴冠巾，丰满中显出苗条，华贵中透出清秀，给人以和蔼可亲之感。

图4-2【菩萨胸像】为一尊双目微合，神情专注的菩萨胸像。其胸丰腴宽阔，似能包容四海；其身勇武有力，显示着契丹人剽悍之性格。

图4-3【莲花童子】为一尊蹲跪在莲花宝座上的供养童子像。其目光炯炯，专注前视，情志投入，神态飘逸。看得出来，他对自己从小便告别了尘世，遁入佛门这个选择，是颇为满意的。

图4-4【菩萨半身像】为一尊胁侍菩萨半身像。他微闭双眸，合掌祈祷，表情严肃，陶然沉醉，极显虔诚；体态匀称，微微前倾，衣饰华美，飘带流畅，极显年轻。此际，他似乎不是在听什么讲经，也根本没有笑容，而只是在自己心灵深处的那块净土中，默默的祝愿并沉思、回顾。

小型张【菩萨头像】画面右侧为一俯首前倾的菩萨头像。双颊圆润，两眼微合，神情专注，不卑不亢。左侧为介绍"辽代彩塑"概况的文字："全国重点文物保护单位之一的山西省大同市下华严寺薄伽教藏殿，始建于辽代重熙七年（1038），距今已有900多年的历史。殿内保存完好的三十一尊辽代塑像，或立、或坐、或正、或侧，身态优美，容貌丰满，表情生动，衣饰飘带流畅自然，塑法罕见，是国内辽塑中少见的精品。"此文字中"三十一尊"有误，据史料记载，实为辽塑29尊，另2尊小佛像为明清之际所塑，不在"辽代彩塑"之例。

西周青铜器

发行日期：1982.12.25

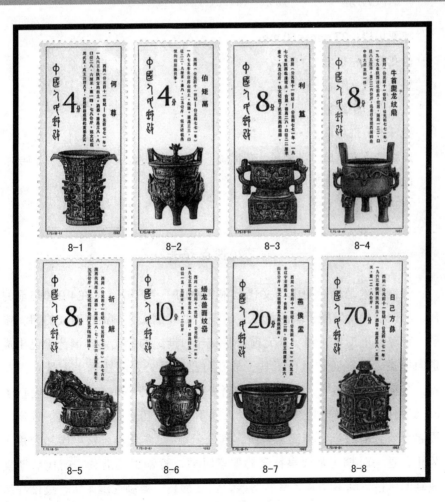

8-1　　8-2　　8-3　　8-4

8-5　　8-6　　8-7　　8-8

（T.75）

8-1何尊	4分	302.01万枚
8-2伯矩鬲	4分	285.26万枚
8-3利簋	8分	574.21万枚
8-4牛首夔龙纹鼎	8分	508.61万枚
8-5折觥	8分	585.31万枚
8-6蟠龙兽面纹罍	10分	298.31万枚
8-7燕侯盂	20分	308.11万枚
8-8日己方彝	70分	187.01万枚

邮票规格：27 mm×60 mm

齿孔度数：11度

整张枚数：35枚

版　别：影雕版

设计者：邵柏林

雕刻者：高品璋、孙鸿年、呼振源、阎炳武、赵顺义、李庆发、姜伟杰

印刷厂：北京邮票厂

全套面值：1.32元

知识百花园

青铜艺术是灿烂的中国文化艺术史中的一个高峰。早在4 000年前的夏代，冶铜技术便发端于黄河流域，出现了由红铜或黄铜锻打而成的刀、锥、凿、铲等简单工具。到了公元前13世纪至11世纪的殷代，青铜艺术已由成熟走向鼎盛，除能铸造生产工具、战斗狩猎武器外，还铸造出大量青铜礼乐器，其形制结实凝重，纹饰繁丽雄奇。邮电部曾于1964年8月25日发行了特63《殷代铜器》邮票1套8种，向世人展示了我国历史文物中的这一瑰宝。西周起自公元前11世纪周武王灭商，到公元前771年周幽王被申侯和犬戎所杀为止，这一时期正是奴隶社会的鼎盛时期，青铜工艺沿袭了商代后期凝重典雅的风格，酒器稍减，食器增多，铭文加长，器制沉雄厚实，纹饰狞厉神秘，刻镂沉重突出，充分表现了人类社会早期所创造的稚拙之美。这套《西

周青铜器》邮票是《殷代铜器》邮票的继续，八件器物均为稀世奇珍之品。

这些铜器的纹饰大都由饕餮、夔龙、夔凤纹组成，极为复杂细腻。

邮票解析

图8-1【何尊】邮票画面右上方文字为："何尊。西周（前11世纪—前771）。1963年陕西宝鸡出土。酒器。器高38.8厘米、口径28.6厘米，重14.78千克。铭文记载周武王、成王治理天下，营建新都成周的重要史实。"何尊，又名无可尊，是在距今约3 000年的周成王五年由一个名为"何"的人所铸的一件重要铜器。它的上部为喇叭形圆口，下部为方形，周壁有4条扉棱，从口部延伸到底部，通体有以兽面纹为主的花纹，器形庄重，纹饰清新。器底有铭文12行计122个字（破洞处失去3字）。内容说，何的父亲辅佐周文王，建有大功。周武王时灭掉了商。周成王祭祀武王，祈告上天说，我要建都于天下之中心，统治天下的民众，表明都城东迁是继承先王的遗志。最后成王勉励何要敬祀其父并和其父一样克己奉公，辅佐王室。成王赏给何贝三十朋，何因此作尊，以资纪念。这篇铭文记载了武王灭商，武王、成王相继营建成周洛邑（今洛阳东郊）的一些情况，可与《尚书》的《酒诰》《召诰》等相互印证补充。所以，此尊有很重要的历史价值。

图8-2【伯矩鬲】邮票画面右上方的文字为："伯短鬲。西周（前11世纪～前771）。1975年北京房山出土。炊器。器高33厘米、口径22.7厘米，重8.25千克。铭文记载燕候向伯矩赐贝事。"伯矩鬲为双立耳，三款足，有盖。三足以上的腹部各有一个巨角圆睛的兽面纹，角尖突出器表，盖上有两个相背的高浮雕式的兽面，中央有一个突起的牛头状的盖纽。整个器物的造型非常生动，富有立体感。不宜于火煮，当为盛粥器。鬲上有铭文15个字，内容是偃侯赏伯矩贝，伯矩因此为其父铸了这件祭器。北京房山琉璃河一带，已多次发现了与偃候有关的青铜器，说明这里在西周时期曾为燕国贵族的领地。燕国是武王灭殷后召公的封地，但是西周时期燕国的史迹、文献阙如。伯矩鬲的发现为研究这一段的燕国历史提供了宝贵资料。

图8-3【利簋】邮票画面右上方文字为："利簋。西周（前11世纪—前

认识邮票中的艺术世界①

771）。1976年陕西临潼出土。食器。器高28厘米、口径22厘米，重7.95千克。铭文记载了武王灭商的日期。"利簋是一件下有方座的簋。它的腹部和方座的四壁都以兽面纹为装饰。其内底上有铭文32个字："樗征商，唯甲子朝，岁鼎克昏，夙有商。……"这是在铜器铭文中记载武王克商日期的唯一史料。尽管目前古文字学家对"岁鼎克昏"一句还有不同的解释，但所记载武王灭殷的日期，却和文献上的记载完全一致，都说是在甲子日。利簋铸于克商后的第七日，可以说是目前所知的最早一件有明确纪年的西周铜器。印证了《世俘》《牧誓》等周代文献对武王伐纣这一重大历史事件的记载。美国哈佛大学的一位学者说："利簋是相当于美国独立宣言和自由女神一样重要的文物。"

图8-4【牛首夔龙纹鼎】邮票画面右上方的文字为："牛首夔龙纹鼎。西周（前11世纪-前771）。1979年陕西淳化出土。炊器。器高122厘米、口径83厘米，重226千克。这是已发现西周铜鼎中最大最重的一件。"此鼎器形颇为别致，在腹部有三个兽头錾，与鼎的三足对应，这种錾通常都用作簋耳。鼎口下的一圈纹饰是由两条夔龙纹相向组成的饕餮纹，其中更有一个浮雕头。这件鼎没有铭文。器形宏伟，是目前所知西周铜鼎中最大最重的一件。夔为传说中近似龙的动物，多为一足一角，口张开，尾上卷，流行于商和西周早期。饕餮为古代传说中一种贪食的猛兽。这类纹饰在铜器上象征奴隶主权势的威严。

图8-5【折觥】邮票画面右上方的文字为："折觥。西周（前11世纪～前771）。1976年陕西扶风出土。酒器。器高28.7厘米、长36.5厘米，重7.55千克。铭文记载折受周王赏赐而铸器。"觥为方形，前面有一个倾倒酒液的流，后面有一个錾手，器上有一兽形盖，通体饰以兽面纹和夔纹。觥上有铭文40个字，记录了昭王十九年折得到周王的赏赐。此觥制作精巧，纹饰华丽，充分显示出青铜铸造技艺的高超水平。

图8-6【蟠龙兽面纹罍】邮票画面右上方的文字为："蟠龙兽面纹罍。西周（前11世纪～前771）。1973年辽宁喀左出土。酒器。器高45.2厘米、口径15.3厘米，重8.2千克。"此罍铸造十分精致，小口，圆肩，双耳衔环，腹下部更有一鼻，有盖，盖面上有一条昂首的蟠龙，周身有繁缛的花纹。罍上无铭文，但从器形花纹可以确认是西周早期的铜器。

图8-7【燕侯盂】邮票画面右上方的文字为："燕侯盂。西周（前11世

纪~前771）。1955年辽宁凌源出土。食器。器高24厘米、口径34厘米，重6.45千克。铭文说明此盂为燕候所用。"这种盂多为敞口，深腹，附耳，圆足，是西周时期常见的器形之一。此盂以夔纹为主要的装饰纹样。器内有"偃候作斌盂"铭文，表明是燕候所用之物。

图8-8【日己方彝】邮票画面右上方的文字为："日己方彝。西周（前11世纪~前771）。1963年陕西扶风出土。酒器。器高38.5厘米，重12.8千克。"方彝为长方形，四壁较直，四角有扉棱，器上有四坡形的盖，器的四面以兽面纹和鸟纹为装饰。这种方彝在器形上和西周早期流行的方彝有所不同，其年代可能略晚。

伯矩鬲

京剧旦角

发行日期：1983.7.20

(T.87)

8-1孙玉姣　　　4分　　　591.71万枚

8-2陈妙常　　　8分　　　944.86万枚

8-3白素贞　　　8分　　　870.52万枚

8-4十三妹　　　8分　　　925.61万枚

8-5秦香莲　　　10分　　　643.51万枚

8-6杨贵妃　　　20分　　　591.43万枚

8-7崔莺莺　　　50分　　　251.16万枚

8-8穆桂英　　　80分　　　251.16万枚

邮票规格：27 mm × 40 mm

齿孔度数：11度

整张枚数：49枚

版　　别：影写版

设计者：李为

印刷厂：北京邮票厂

全套面值：1.88元

知识百花园

为进一步弘扬京剧文化艺术，邮电部发行了这套《京剧旦角》特种邮票，选题所描绘的都是经常上演、在京剧史上有一定地位，并为广大群众所喜闻乐见的剧目中的八个旦角形象。造型生动，色彩鲜艳，为邮票百花园里增添了朵朵奇葩。

邮票解析

图8-1【孙玉姣】是京剧传统剧目《拾玉镯》中的人物。古时有斗鸡的风俗，孙家则以饲养雄鸡为生，因此，此戏又名《卖雄鸡》。写的是书生傅朋途经孙家门口，见孙玉姣貌美，假意买雄鸡上前搭话，临行丢玉镯以示爱心。此戏偏重于心理描写，镯在地上拾还是不拾，想看又不敢看的腼腆娇羞之态以及犹豫不决的眼神运用，都表现了少女的初恋心理和对美满婚姻的追求与向往。最后，玉姣拾玉镯被刘媒婆看见，她自告奋勇为二人撮合。这是一出天真活泼、富有强烈生活气息的小喜

认识邮票中的艺术世界

剧。京剧旦角演员荀慧生、童芷苓、赵燕侠、吴素秋、刘秀荣等，都曾成功地塑造过这一舞台形象。

图8-2【陈妙常】是京剧《秋江》中的人物。《秋江》取材于明代传奇《玉簪记》，写的是南宋书生潘必正赴临安赶考，路经白云庵（今湖北公安县南），因庵主是他的姑母，故顺路赴庵探亲。在庵中他遇见了年轻美丽带发修行的尼姑陈妙常，两人一见钟情，并私订了终身。《秋江》是戏中的一折，描述的是此事被老庵主察觉后，她便逐走了潘必正。妙常情急连夜乘舟追赶，终于在秋江赶上了意中人，并结为夫妻。京剧《秋江》是解放后根据川剧移植整理的。舞台上陈妙常身着缁衣，手持麈尾，配合小舟在风浪中颠簸起伏的舞蹈动作以及与老艄公的诙谐问答，刻画了陈妙常焦急的心情及对美好生活的渴望。1953年华东戏曲会演，童芷苓的表演极为成功。而杜近芳也曾生动地表现过这一形象，并和武丑演员张春华一起把它带出国门进行访问演出，受到了好评。

图8-3【白素贞】是传统剧目《白蛇传》中的人物。京剧《白蛇传》是田汉将昆曲神话剧《雷峰塔》改编而成的。说的是白蛇和青蛇变化成人形同往杭州，许仙西湖遇美，与白素贞结为夫妻。端阳节白娘子现原形吓死许仙。白素贞历尽艰险，盗回仙草，救活丈夫。许仙去金山寺烧香，被法海和尚留住不放。白素贞作法水漫金山，夫妻断桥相会。白素贞产子，法海合钵收白蛇，把她压在雷峰塔下。最后，青蛇打败法海，救出白蛇。剧中表现了反对封建恶势力的主题思想和强烈的爱情观念，白素贞成为广大人民群众所热爱和寄予同情的妇女形象。杜近芳和叶盛兰合演的京剧《白蛇传》，受到国内外观众的喜爱。而梅兰芳生前经常演出的《断桥》一折，更给人留下极为深刻的印象。邮票画面上的白素贞，身穿月白衣裙，正是《断桥》一折中的装束和身段。

图8-4【十三妹】是京剧传统剧目《悦来店》《能仁寺》《弓砚缘》中的人物。故事取材于小说《儿女英雄传》。写何玉凤因父亲被权贵陷害致死，立志为父报仇，练就一身武艺，改名为十三妹。她杀恶憎，搭救安公子与张金凤全家，见义勇为，为一侠女形象。剧中既有较多的念白、表演，又有不少武功身段。京剧艺术家和教育家王瑶卿先生综合了青衣、花旦、刀马旦的角色特点，成功地表演了这一人物，从而创造和发展了一种新的旦角类型，即花衫。尚小云、荀慧生也经常扮演十三妹这一角色，均取得了很大成功。

图8-5【秦香莲】是京剧《秦香莲》《铡美案》中的人物。写秦香莲的丈夫陈士美进京赶考，中了状元。他得官忘义，攀权贵，被招为附马。秦香莲携女儿上京寻夫，陈士美不认糟糠之妻，还差人前去刺杀妻儿。秦香莲不畏强暴，大义凛然，拦轿告状，包拯秉公而断，铡了陈士美。剧中秦香莲为青衣角色，表现出了一位受欺凌、被迫害的善良妇女形象。多年来，《秦香莲》一剧屡演不衰，充分说明了人民群众的好恶爱憎。20世纪五六十年代，北京京剧团的张君秋、马连良、谭富英、裘盛戎四位著名演员联袂扮演剧中的秦香莲、王延龄、陈世美和包拯，可谓珠联璧合，给广大戏剧爱好者留下深刻印象。而王瑶卿和张君秋的唱腔，同样为听众所喜爱。

　　图8-6【杨贵妃】是京剧传统剧目《贵妃醉酒》《百花亭》中的人物。写唐明皇令爱妃杨玉环在百花亭设筵，但他却失约前往西宫梅妃处。杨妃久候不至，心生妒恨，独坐自饮大醉。京剧唱四平调，歌舞并重。梅兰芳先生对此剧进行过加工修改，剔除了原有的不健康的表演和对白，突出地表现了杨贵妃内心的哀怨和寂寞空虚。剧中醉态的表演和优美的身段，娇艳含蓄，大方华贵，都给人以美的享受。它是"梅派"的代表剧目之一，梅先生曾以此剧赴美国、苏联和日本访问演出，受到国际上的广泛赞誉。

　　图8-7【崔莺莺】是京剧《西厢记》中的人物。《西厢记》在戏曲文学上影响很大。但京剧过去只有荀慧生先生整理演出的《红娘》一剧，是以侍女红娘为主角的花旦戏，唱功繁重。解放后，马少波参照《西厢记》原著及《红娘》的演出剧本，改编出了京剧《西厢记》，以剧中崔莺莺为主要角色，青衣应工。张君秋扮演崔莺莺，以他细腻甜润的唱腔艺术，突出了反封建、寻求幸福的精神，塑造了一个深居闺阁、向往自由和爱情的女子形象。

　　图8-8【穆桂英】是京剧《穆柯寨》《穆桂英挂帅》中的人物。全剧分为四折，说的是杨宗保被擒，被穆柯寨招亲；杨六郎前去营救儿子宗保，与穆天王交战，被儿媳穆桂英打下马来；杨六郎辕门斩子，穆桂英献宝求情赦免宗保；她挂帅领兵攻打天门阵，阵中产子后大破洪州。梅兰芳晚年编演了《穆桂英挂帅》一剧，用青衣结合刀马旦的演法，创造了弃甲归田再度出征的巾帼英雄形象，成为梅先生晚年的代表作。邮票上的穆桂英身着色彩鲜艳的女靠（即铠甲），背饰四护背旗，头戴雉翎，后垂狐尾，这一装束使爱国女英雄更加气宇轩昂、光彩夺目。

中国绘画·唐·簪花仕女图

发行日期：1984.3.24

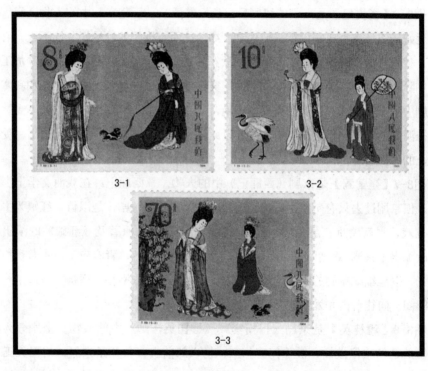

3-1

3-2

3-3

（T.89）

3-1 《簪花仕女图》卷之一　　8分　　1 043万枚

3-2 《簪花仕女图》卷之二　　10分　　708万枚

3-3 《簪花仕女图》卷之三　　70分　　398万枚

小型张《簪花仕女图》全卷　　2元　　103万枚

邮票规格：26 mm×36 mm、54 mm×40 mm

小型张规格：176 mm×66 mm，其中邮票尺寸：162 mm×40 mm

齿孔度数：11度

整张枚数：28枚

版　　别：影写版

设计者：邵柏林

印刷厂：北京邮票厂

全套面值：0.88元

小型张面值：2.00元

知识百花园

　　《簪花仕女图》为唐代著名画家周昉的作品。周昉，字仲朗，又字景玄，唐代长安（今陕西西安）人。约在唐开元末年生，卒于唐贞元之后。出身于贵族家庭，其父曾作过监察御史，其兄周皓是唐德宗所倚重的将军。他本人也曾作过越州、宣州长史。周昉是中唐末期继吴道子之后的一个重要画家，以仕女图、肖像画和寺庙壁画著称。其作品多描绘唐代宫廷贵妇优游闲散的生活场景，人物衣饰华丽典雅、劲挺流畅，人物形象曲眉丰颊、雍容自若，深得封建皇帝和达官显贵欣赏。其作品颇丰，但因年深月久、人事沧桑，流传至今的却不多，除《簪花仕女图》外，尚有《纨扇仕女图》《调琴啜茗图》《水月观音》等，均为上乘之作。周昉的创作态度极为严肃，对自己的作品精益求精。据《唐朝名画录》记载，唐德宗大历二年

（767）在长安通化门外新修章明寺，召周昉作壁画，此举轰动了长安城，"都人竞观，或有言其妙者，或有指其瑕者。"周昉虚心听取众人评议，加以修改。画成之后，观者"无不叹其精妙"，赞为"当时第一"。周昉的佛教壁画曾长期成为流行的标准，被称为"周家样"。他的肖像画亦形神兼备，他善于观察人物复杂的性格和分析人物的心理，生动入微地表达出人物的精神特征。传说他与韩幹都曾画过郭子仪女婿赵纵的肖像，都画得很像，连郭子仪也难分高低。后来还是郭的女儿作出结论，说韩幹的画"空得赵郎状貌"，而周昉的画则"兼移其神气，得赵郎情性笑言之状。"周昉的仕女画奠定了晚唐以后人物画的基础，把贵妇人画得雍容华贵、丰颐厚体，是周昉仕女图的一个显著特点。《画鉴》说周昉"作仕女多浓丽丰肥，有富贵气"。唐初，仕女图以"秀骨清像"见称，人物大都消瘦苗条，如阎立本的《步辇图》便是。到了盛唐，妇女崇尚肌肉丰满，唐玄宗的宠妃杨玉环便是典型。因而盛唐以后的壁画及出土的陶俑都具有"丰颊厚体"的特色。周昉出身贵族，经常"游卿相间"，因此，他对贵妇人的刻画可谓炉火纯青，其特点就更为突出、显著。《唐朝名画录》称他的仕女图为"神品"。米芾将周昉与顾恺之、陆探微、吴道子并称。从五代至明清的仕女画，都有周昉仕女图的风韵。直到现代，《簪花仕女图》仍然是美术院校学生临摹的对象。在东方其他各国，周昉的影响也很大。唐贞元末年，新罗（今朝鲜）有人不远千里，到江淮一带出重金买回数十卷周昉的画作。日本的仕女画，也明显地受到中国仕女图的绘画影响。形成于9世纪平安朝的大和绘，画面清新，格调雅致，在江户时期演变成著名的浮世绘，主要描绘和反映社会和市民的风俗生活与情趣。当时涌现出一批美人画家，他们以极大的热情去表现心中的女性形象，刻画她们内心的世界和个性，使美人画作品在绘画领域里独树一帜。

通过邮电部发行这套《簪花仕女图》特种邮票，我们可以欣赏到中华民族的传统美术，从中得到不少知识和乐趣，并为祖国宝贵的文化珍藏而感到骄傲。

邮票解析

图3-1【《簪花仕女图》卷之一】为画卷戏犬部分。描绘两位贵妇闲极无聊，正在戏弄小狗之场面。是一幅极为逼真生动的宫廷仕女逗狗图。

图3-2【《簪花仕女图》卷之二】为画卷看花部分。描绘一位贵妇右手持一株

鲜花，左手拿一把金钗，端详着，欣赏着，思量着，"插在头上哪个位置合适呢？"而身后的婢女，手擎团扇，怅然若失地跟随其后。此画反映出不同阶层人物的精神面貌。

图3-3【《簪花仕女图》卷之三】为画卷捉蝶、漫步部分。描绘一位贵妇从假山旁的花丛中捉到一只蝴蝶后，突然听到小狗的奔跑声和举翅振羽的白鹤声而回身侧视。另一位贵妇人，却双手拢袖，从远处姗姗而来。画中人物虽表面安详、闲适，但也掩饰不住内心深处的孤寂、空虚和苦闷。

小型张【《簪花仕女图》全卷】此画长180厘米，高46厘米，是唐周昉画的五折屏风图。流传到北宋时，因金人侵扰，宋室南迁时对宫中珍宝进行了处理，此图被从屏风上取下，裱成卷轴，便于携带。后由南宋皇室一直在宫中珍藏并最终传到清末代皇帝溥仪手中。在日本战败前夕，因溥仪准备仓促出逃而散失民间，后被辽宁省博物馆收集而珍藏至今。"簪花仕女"意即"戴花的贵妇人"。这幅画是我国古代仕女图的典型代表，在中国绘画史上具有重要地位。画家以上层社会贵族妇女的生活为创作题材，用飘逸的线条和浓丽的色彩去表现她们悠闲、无聊而豪华的生活，把女性丰满、温润而香软的肌肤及骄奢雅逸的特点均巧妙地反映出来。这幅工笔重彩画上共有5位盛装打扮的贵族妇女和一个打着团扇的婢女，还有1只仙鹤和2只小狗。仙鹤代表长寿吉祥；而小狗则是属于苏联撒马尔罕地区的一个犬类品种，唐时专供宫廷贵妇消遣取乐。按照画的内容，又可分为捉蝶、看花、漫步、戏犬等4个场景。画面人物布局，有大有小，有前有后；不用背景，主题突出；全图结构，有动有静，虚实呼应，富于变化，活泼生动，既有通观全卷的完整性，又可分割成几个独立的片断，节奏鲜明，彼此照应。着色亦大方典雅，富丽浓重。美人衣饰的华丽与肌肤的淡雅交相辉映，在多姿多彩中体现着和谐统一。特别是此画的线条，介于铁线描和游丝描之间，细劲而有气韵，流动多姿，典雅含蓄。在贵妇人的脸部和手部的勾画上，用笔准确、圆润，特别是对手的描绘，略带夸张而刻画细腻，生动传神。贵妇人身上的纱衫，线条流利飘逸，质感极强，人物的肌肤和花纹透过纱衫隐隐可见。人物体形也塑造得婀娜多姿，丰腴健美。这幅画不仅可以使我们看到唐贞元年间上层社会的生活，而且还能帮助我们了解唐代的一些服饰及眉样、发髻、步摇（用于贵妇头上的首饰）、纱巾等各类风俗时尚。荣宝斋已把这幅画制成木版水印，为国内外收藏家竞相珍藏。

吴昌硕作品选

发行日期：1984.8.27

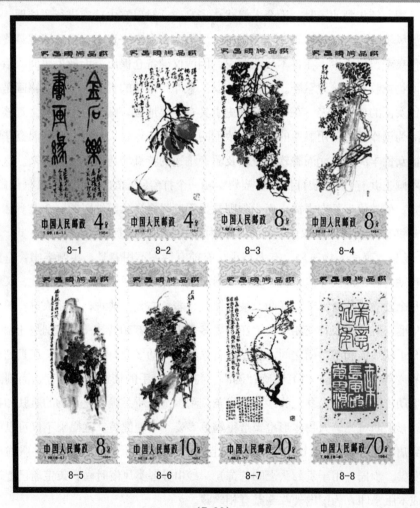

8-1　8-2　8-3　8-4

8-5　8-6　8-7　8-8

（T. 98）

8-1书法　　4分　　750.66万枚

8-2双桃　　4分　　820.46万枚

8-3芙蓉　　8分　　1 156.86万枚

8-4紫藤　　8分　　1 205.26万枚

8-5牡丹　　8分　　1 096.86万枚

8-6秋菊　　10分　　956.86万枚

8-7梅花　　20分　　939.66万枚

8-8篆刻　　70分　　644.26万枚

邮票规格：25 mm×60 mm

齿孔度数：11×11.5度

整张枚数：40枚

版　　别：影写版

设计者：卢天骄

印刷厂：北京邮票厂

全套面值：1.32元

知识百花园

　　吴昌硕（1844～1927），原名俊卿，字昌硕，别号有缶庐、老缶、若铁、大聋、破荷等。浙江省安吉县人。为我国近代杰出的篆刻书画家。其人"内峻洁而外和易，洒然品象之表。"吴昌硕是我国画坛"继往开来的典范，开创新风的一代宗师"。他上承徐渭、石涛、八大山人、扬州画派，将意笔花鸟画推向了一个新的历史纪元，但又绝非拘泥古法、亦步亦趋，而是主张"古人为宾我为主""出己意""贵存我"。他中晚期的作品，便以篆隶笔法作画，龙飞凤舞，雄健苍劲，使画作"奔放处离不开法度，精微处照顾到气魄"，逐渐形成了自己独特的流派。吴昌硕也是一位重视色彩表现的画家。他不像前代文人画家们那样重墨轻色，不追摹古贤冷逸、雅淡的画风，而是放手使用西洋红等浓重的色彩，与焦墨造成强烈的对比，以适应社会上一种新的审美愿望。吴昌硕不仅在中国画史上占有重要地位，也被世界画坛特别是日本文化界所推崇。在他担任第一任社长的杭州西泠印社内，便陈列着日本学者特意铸造的吴昌硕半身铜像。同时，人民政府也在此设立了"吴昌硕先生纪念室"，陈列他的作品和业绩，高度评价艺术大师伟大的艺术成就。

在吴昌硕先生诞生140周年之际，邮电部发行这套《吴昌硕作品选》特种邮票，包括书法、篆刻各1幅以及6幅中国写意画，均为大师的代表作。设计者采用中国画挂轴的装裱方式，只在邮票画面的天头地脚用了花绫，使古朴高雅的画芯更加突出，增加了作品的艺术感染力。

邮票解析

图8-1【书法】书法是我国的传统艺术。邮票画面选用吴昌硕76岁所书写的一副对联"金石乐，书画缘"，既充分体现了他的书法功力，也作为这套邮票的开端，十分切题。该作品已臻炉火纯青、出神入化之境。但原作已失传。邮票图案字迹是从昌硕大师的再传弟子、浙江美术学院的诸涵先生提供的影印本上翻拍下来的。并由设计者做了仿旧洒金处理，体现了作品的原貌。

图8-2【双桃】邮票画面上的双桃立轴，作于光绪廿九年，即1903年。构图由上往下出笔，险中求稳。画面色酣墨饱，雄浑遒劲，高古而独具一格。画上题诗："琼玉山桃大如斗，仙人摘之以酿酒。一食所得千万寿，朱颜气如十八九。"这是画家60寿辰时的自祝之辞，表达了老当益壮之心愿。

图8-3【芙蓉】即木芙蓉，俗称芙蓉花，为落叶灌木。邮票画面上的芙蓉立轴，作于1926年。老人时年已83岁高龄，但其画作仍是疏朗得法，气力雄浑，杂而不乱，险中见稳。画上题款："粗枝大叶，拒霜魄力。"以物喻人，表现了画家的人品和情感。原画由昌硕老人的嫡孙吴长邺提供。曾在莱比锡国际博览会上荣获绘画奖第二名。

图8-4【紫藤】即藤萝，豆科，高大木质藤本植物。邮票画面选自画家78岁时所作的四条屏中。那苍劲圆润的藤条，缠绕在兀立挺拔的青石之上，透出一股生命的力量。这正是画家饱经人事沧桑、顽强奋斗不息的人生写照。画作以篆隶之法入笔，体现了他一贯提倡的"书画同源"的主张。

图8-5【牡丹】邮票画面亦为上述四条屏之一。历代名家以牡丹入画，不胜枚举。但以盛开的牡丹之花衬以山石的，并不多见。画作仍以篆隶笔法挥就。牡丹花下姹紫嫣红，韵味醇厚。此一构图与画法均体现着画家的独特风格。

图8-6【秋菊】邮票画面亦为上述四条屏之一。山石青青，菊花点点，表现了老人气势雄浑的笔触和含情的墨韵。画家以篆法入画，进一步体现了"书画同源"的思想。

图8-7【梅花】邮票画上的梅花立轴，作于光绪廿八年，即1902年。此画代表了画家超绝的艺术风格，也是他毕生崇高品格的写照。画上有题诗两首，左上方为："梅花铁骨红，旧时种此树。艳击珊瑚碎，高倚夕阳处。百匝绕不厌，园涉颇成趣。太息饥驱人，揖尔出门去。"左下方为："铁如意击珊瑚毁，东风吹作梅花蕊。艳福茅檐共谁享，匹以般毁尊罍鼚。若铁道人梅知己，对花写照是长枝。瑕高艺逐蚊虫舞，本大力驱出石徒。作踽青楼饮眇倡，攫得燕支尽调水。燕支水酿江南春，哪容堂上枫生根。"昌硕老人一生爱梅、画梅、咏梅，并以梅花自喻。只因梅花"冰肌铁骨绝世姿，世间桃李安得知"。他初涉画界，便始自梅花，梅花是他一生中画得最多的题材。他在60岁所画的一幅梅花图上题道："传家一本宋朝梅，土缶已从跳劫灰。颜色孤山嫌太好，夕阳扶影自装回。"就在那一年，日本友人滑川先生，赠给老人古名刀一口，求墨梅一幅。老人欣然命笔，把老梅倔强不屈的虬干，画成怒龙冲霄之势，笔走龙蛇，风云满纸，并题诗曰："报国报恩无蹉跎，惜哉秋鬓横皤皤。雄心空对梅花哦，一枝持赠双滂沱。"当时正值帝国主义列强侵略瓜分中国之际，老人咏梅言志，表达了极大的愤慨，其内心世界卓然可鉴。老人终以84岁高寿，长眠在十里梅花的余杭超山，了却其"安得梅边结茅屋"之宿愿。

图8-8【篆刻】邮票画面上的两方篆刻印章，是由昌硕老人的高足、上海画院副院长王个簃先生亲自选定的。其中上边一方为吴昌硕49岁时所作的阳文篆刻"美意延年"。其文字线条流畅俊逸，并有意将某些线条点破，更显文字的苍劲古拙。印文能收能放，点到即止，表现了作品的内涵。下边一方为吴昌硕45岁时所作的阴文篆刻"乘长风破万里浪"。这方七字的自文印，首先以文字布局取胜，"乘"字独占印面1/3，余六字各占印面1/9，形成乘字以寡敌众，余字以多胜少，互相比照之局面。另外，"风"字居印中央，余字均呈内倾之势，造成一呼百应之态，在制印的章法上为一成功之作。如此使作品不只是局限在印章文字平稳规整的层面上，而是进入了更加和谐统一、朴拙灵动的艺术境界。吴昌硕在篆刻艺术上的卓绝成就，来自于他所下的功夫。他初师浙派，继法邓石如、吴让之诸家，再宗古玺、秦汉印章；之后，又大量参以石鼓、砖瓦、碑碣、封泥等文字的特点。在融会贯通前人法度的同时，力主创新，自出新意，穷极变化，使自己的篆刻艺术进入情趣深厚之境。

风筝（第二组）

发行日期：1987.4.1

（T. 115）

4-1鹰	8分	915.65万枚
4-2龙头蜈蚣	8分	915.65万枚
4-3八卦	30分	605.40万枚
4-4凤凰	30分	605.40万枚

邮票规格：30 mm×40 mm

齿孔度数：11.5 ×11度

整张枚数：50枚（1、2图连印）（3、4图连印）

版　　别：影写版

设计者：潘可明

印刷厂：北京邮票厂

全套面值：0.76元

知识百花园

从1984年起，我国每年都要在山东潍坊市举办国际风筝会和国内风筝邀请赛，规模宏大，盛况空前，潍坊因此被誉为"风筝之城"。1987年4月1日至5日，第四届国际风筝暨第二届国内风筝邀请赛又在这里举行。为此，邮电部发行了这套《风筝》（第二组）特种邮票，以志祝贺。

邮票解析

图4-1【鹰】鹰是种猛禽，性格凶悍，矫健，目光犀利，能扑善飞，是力量、勇猛的象征。老鹰风筝升上天空，常常会以假乱真，把其他鸟雀吓跑。设计者重点突出鹰的特点，如眼睛的夸大、爪子的硬直、羽毛的粗糙等等，显示出鹰的威武姿态。

图4-2【龙头蜈蚣】蜈蚣是一种节肢动物，由许多环节组成，每节有脚一对，头部的脚像钩子，能分泌毒液，扑食小虫。设计者特别注意了对风筝头部的刻画。

图4-3【八卦】其风筝图形是《周易》中所记载的乾、坤、震、巽、坎、离、艮、兑八卦，分别代表天、地、雷、风、火、水、山、泽八种自然现象，其中乾、坤两卦是自然界和人类社会一切现象的根源。中间的"太极"，是上下颠倒的两条阴阳鱼。

图4-4【凤凰】它是我国古代传说中最为吉祥的百鸟之王，人们用最美妙的词语去赞颂它，用最华丽的羽毛去装扮它，以寄托人们的幻想和希望。设计者运用了民间木版年画的色彩，使这只凤凰风筝，更加富贵、喜庆。

敦煌壁画（第一组）

发行日期：1987.5.20

4-1

4-2

4-3

4-4

（T.116）

4-1北凉·供养菩萨　　8分　　1 675.502万枚

4-2北魏·鹿王本生　　10分　　943.552万枚

（T.116 小型张）

4-3北魏·天宫伎乐　　20分　932.602万枚

4-4北魏·飞天　　40分　645.972万枚

小型张　北魏·萨埵太子舍身饲虎　　2元　　329.390万枚

邮票规格：54 mm×40 mm

小型张规格：142mm×93 mm，其中邮票尺寸：93 mm×78 mm

齿孔度数：11度、（M）11×11.5度

整张枚数：28枚

版　别：影写版

设计者：吴建坤、任宇

印刷厂：北京邮票厂

全套面值：0.78元

小型张面值：2.00元

在甘肃境内的丝绸之路上散布着许多大大小小的石窟，其中有一处石窟寺，位于鸣沙山东麓平均高度达17米、长度为1 600米的岩壁上，此壁上还凿满了密密麻麻的石洞窟，即举世闻名的敦煌莫高窟。从公元366年开凿至今，历经千年，风雨沧桑，仍有大量石窟保存完整，成为人类最珍贵的文化遗产之一。邮电部继1952年7月1日和1953年9月1日发行2套8枚《敦煌壁画》邮票之后，又分组系列发行莫高窟壁画特种邮票，以便让这部千年画史再现光华。

这套《敦煌壁画》共有邮票4枚，为该系列的第1组，并同时发行1枚小型张。

图4-1【北凉·供养菩萨】莫高窟现存最早的壁画是十六国北凉时期的作品，那时窟群草创未久，艺术上敦厚、淳朴，较多地受到西域画风的影响，未脱西北边关粗豪的气息，这个时期最杰出的画面是第272窟正壁佛龛外两侧的"供养菩萨"，多达40身。他们姿态生动，神情夸张，或手捧莲花供养，或因听法有所领悟而手舞足蹈，喜不自胜，或为析义而交头接耳，互相探讨，有些则木然专注，陷入沉思。人物造型高度概括，色彩强烈，线条清晰，千姿百态，无一雷同，在整齐排列中呈现着丰富的变化。

图4-2【北魏·鹿王本生】取自莫高窟第257窟西壁的《佛说九色鹿经》，就是有名的九色鹿的故事，原画横长385厘米，共描绘了10个情节。鹿王从水中救起溺人，相约："欲报恩者，莫道我在此。"这时王后梦见九色鹿，想要它美丽的皮毛。国王便悬赏募求。溺人忘却前言，因贪图富贵而应募，并引导国王军队到鹿王藏匿之处。鹿王见国王，讲述溺人背信弃义之事，国王感动，下令保护忍辱行善的鹿王。壁画突出了惩恶扬善的典型佛教主题。

图4-3【北魏·天宫伎乐】北魏洞窟四壁的上沿，大都画有天宫伎乐。天宫，或称作乾闼婆城，是香音神幻化出来的空中楼阁，乐舞在其中演出。楼阁多为圆拱形顶的西域式，也有的与中原的悬山顶相似。邮票画面取自第435窟的

天宫伎乐，乐人在演奏琵琶、海螺、腰鼓等，其神态自由且热情奔放，彼此呼应，仿佛壁画中传出了悦耳高亢的乐声。

图4-4【北魏·飞天】飞天，即八部天中的乾闼婆，又名香音神，是散放香气和管理音乐舞蹈的天神，亦称供养天、伎乐天，在壁画中是最美的形象。北魏飞天活泼自如，数量颇多，在窟顶、龛内和壁上的说法图、故事画中，随处可见。

小型张【北魏·萨埵太子舍身饲虎】位于第254窟南壁，是北魏故事壁画中最为完整而精彩的传世杰作。内容是：太子摩诃萨埵和他的两个哥哥一同出游，在山中见饿虎，心生怜悯。萨埵决心舍身饲虎，裸身并刺颈出血，从崖上跳下，终于被群虎所食。两个哥哥悲痛万分，还告父母，收拾遗骨，筑宝塔供养。这幅壁画构图严谨，具有强烈的悲剧气氛，是敦煌早期故事画的精品。

敦煌壁画

曾侯乙编钟（小型张）

发行日期：1987.12.10

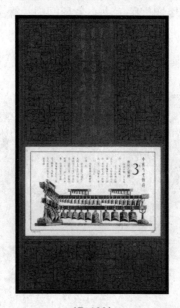

（T.122）

小型张　曾侯乙编钟　　　3元　　　396.45万枚

小型张规格：92 mm×165 mm，其中邮票尺寸：80 mm×52 mm

齿孔度数：无齿孔

版　别：间接凹版、胶版（无背胶）

设计者：邵柏林

雕刻者：孙鸿年

印刷厂：中国人民银行印刷科学技术研究所

曾侯乙编钟是我国战国早期（公元前433年或稍晚）的大型青铜古乐器，距今已有2 400多年。1978年解放军某部在湖北省随县境内的擂鼓墩施工时，发现了盖在墓坑上的石板，墓葬呈九鼎簋帝王级，共出土乐器8种124件。编钟、编磬分别沿两壁立架悬挂，鼓、瑟、笙、箫、简列于其间，井然有序，宛如一间古代乐厅。其中，全套编钟共64件，包括钮钟19件，甬钟45件，另有楚惠王赠曾侯乙镈1件。里面最大的一件通高153.4厘米，重203.6千克，整套编钟，重2 500千克。而吊挂编钟的铜木结构的钟架长7.48米，高2.73米，重2 000千克。所有编钟上都有关于音乐的错金篆体铭文，每件钟可发两个乐音。经研究表明，这套编钟的振动频率与现代国际标准相近，音阶结构和现在的C大调七声音阶同列，音域广跨5个8度。声音洪亮，音色优美，能旋宫调转，十二律半音齐备。它不仅能演奏单旋律乐曲，而且能演奏和声与复调手法的多声部乐曲。这套编钟规模之宏大，铸造之精美，音域之宽广和乐韵之准确，不仅是中国文化、科学和考古史上的重要发现，也是世界音乐史和铸造史上的奇迹。美国纽约市立音乐博士研究院的麦克·克莱恩教授说："曾侯乙编钟是我精神上的圣山""是世界上第八大奇迹。"

《曾侯乙编钟》小型张图案是三排吊在铜架上的编钟，呈曲尺形交叉排列，其中上层是钮钟，中下层是甬钟，下层甬钟中间最大的一件与众不同，它就是楚惠王赠给曾侯乙的镈。镈上的铭文以金字凸印在上端花纹中间，共31字："隹（唯）王五十又六祀，返自西殇（阳），楚王章乍（作）曾侯乙宗彝。童之于西殇，其永（持）用享。"大意为：楚惠王五十六年，楚王熊章从西阳回来，铸造此镈赠给曾侯乙的宗庙作为祭器，放在西阳，永远使用。这段铭文与众不同，其他63件的铭文都与乐律有关，唯此镈铭文无一字涉及音律，可见它是在下葬时临时加进去的，音乐家从音律研究的角度也证实了这一点。这说明了曾国与楚国在当时关系密切。同时，这段铭文也表明，楚国赠此镈时，曾侯乙或许还没有死。据此可断定，此套编钟的年代为战国早期，即公元前433年（即楚惠王五十六年）或稍晚。在编钟图案的上方有一段文字，简介了编钟出土时的情况及它的规模、功能和价值，表达了小型张的主题。

敦煌壁画 （第二组）

发行日期：1988.5.25

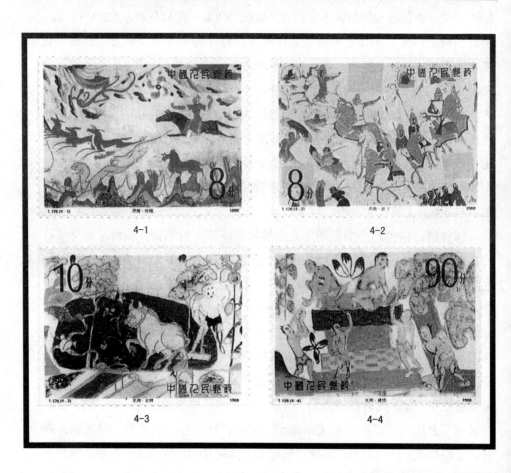

4-1

4-2

4-3

4-4

（T.126）

4-1西魏·狩猎　　 8分　　2 558.90万枚

4-2西魏·战斗　　 8分　　2 502.40万枚

4-3北周·农耕　　10分　　1 419.40万枚

4-4北周·建塔　　90分　　 960.65万枚

邮票规格：54 mm × 40 mm

齿孔度数：11度

整张枚数：20枚

版　 别：影写版

设计者：吴建坤、任宇

印刷厂：北京邮票厂

全套面值：1.16元

知识百花园

　　西魏和北周，是敦煌莫高窟的两个重要发展阶段。永安二年（529），瓜州刺史元荣被封为东阳王，他在敦煌统治长达20年之久，于西魏大统八年（542）去世。元荣由首都洛阳来到偏远的河西走廊，带来了新的文化潮流和艺术形式，他大力推行汉化政策，使石窟的佛教艺术风格大为改观。557年，宇文觉称帝，以北周取代了西魏。由于宇文氏转而实行一系列鲜卑化政策，使佛教艺术一改数十年来的秀骨清像的风格，缩短了人物造型的比例，使之变得圆润结实，粗壮有力。曾任瓜州刺史达10年之久的建平郡公于义，在莫高窟修建了北朝最大的石窟。北周壁画比前代更加生动自如，丰富多彩，也更注意表现生活情趣。这套《敦煌壁画》（第二组）邮票上的4个画面，即反映了这两个阶段壁画的艺术成就。

邮票解析

　　图4-1【狩猎】选自西魏第249窟。这是一处初具规模的殿堂式洞窟。平面方形，复斗形顶，正壁开龛造像，同过去以中心柱为主要特征的塔庙式洞窟大异其趣。艺术匠师们主要利用高耸的四面坡窟顶绘成巨大、神异变幻的广阔天空，在窟

顶下沿，为山林野趣和狩猎人物。邮票图案取自窟顶北面的画面，右边为手举标枪、纵马疾驰的猎人，正追逐奔逃的一群黄羊。黑马狂奔时前后腿抬成一条直线形状，黄羊逃命时惊慌失措的神态，猎人从容不迫举枪伺机待投的姿势，都刻画得惟妙惟肖。

图4-2【战斗】选自西魏第285窟《五百强盗成佛》的佛经壁画故事。该窟建于西魏大统四至五年（538-539）。窟形及顶部绘画格局与第249窟相同，所差的是两侧壁下部各有4个供僧人坐禅的小室，表明兼有殿堂和僧房的功能。最引人注目的是南壁壁画上部的五百强盗成佛的因缘故事，说舍卫国曾有五百人造反，遭到波斯国王的残酷镇压，被挖去双眼，弃之山林，哀声遍野，结果感动了释迦牟尼佛。他运用清风吹雪山药医好他们的眼睛，从而使他们皈依了佛教，最后修成正果。传说他们弃下的木杖，后来化成一片山林，被称为"得眼林"。邮票画面上为五百造反者与官兵战斗的场面。官兵头戴铁盔，身披铠甲，手持长矛，骑在全副盔甲的高头大马上，与一手持刀一手持盾，身着布衣的徒步强盗，形成鲜明对比。强盗顽强奋战，最终被俘。人物动态及身份、性格都刻画得十分恰当。

图4-3【农耕】选自北周第296窟《善事太子入海记》壁画故事。该画绘在窟顶东面和南面。善事太子出游，见人民贫病交加，为衣食而欺诈杀生，心生怜悯，便以宫内库藏布施民众。后来眼看库中所剩无几，便下海探寻如意宝珠，历尽千辛万苦，终于如愿以偿，返回故土，造福人民。人民富足而感恩，遂克己修身，皆得善果。邮票画面上只展示了太子出游时观看农夫耕作的情景，反映了古代农民辛勤劳动的状况。此外，画面上还描绘了经文上所说的"垦地虫出，虾蟆吞食。复见有蛇，吞食虾蟆。孔雀飞来，啄食其蛇"等生类相残之事。

图4-4【建塔】选自北周第296窟《福田经变》壁画故事。将一部经文的内容绘成图像，在佛教称之为经变或经变相。这幅经变壁画位于该窟窟顶北面，是敦煌壁画中最早的一幅完整的经变。它所依据的《诸德福田经》宣称，施德行善犹如播洒福报的种子，诚如农夫种植于田亩以获秋收之利。而在诸德中，尤以"广施七法"可"获无量之福"，如施立佛寺、植果园、施清凉、施医药、施舟渡、施设桥梁、施建道路等等。邮票画面上只取该壁画之局部的建塔图，乃属于上述七法中的第一种。图中6名工匠正在砌砖造塔，塔已修到第二层，上面2人砌砖，下面4人和泥、供料。不失为古代建筑工程的真实写照。

中国石窟艺术

发行日期：1988.8.10-11.30

4-2

4-3

4-4

4-1

（普24）

4-1云冈石窟·北魏·大佛　　　　2元

4-2龙门石窟·唐代·力士　　　　5元

4-3麦积山石窟·西魏·菩萨　　　10元

4-4大足石刻·宋代·养鸡女　　　20元

邮票规格：30 mm×40 mm

齿孔度数：11.5×11度

整张枚数：50枚

版　别：影雕版

设计者：群峰

雕刻者：阎炳武、李庆发、姜伟杰、呼振源

印刷厂：北京邮票厂

全套面值：37.00元

邮电部发行这套以古代石窟造像为主图的普票，刷米黄底色，图像为雕刻凹版，无边框，大票幅。

石窟艺术源于佛教。我国现存的主要石窟群均为魏唐之间或宋朝前期的作品，其中最负盛名的是敦煌莫高窟、云冈石窟、龙门石窟、麦积山石窟和大足石刻。这套普票取材于云冈、龙门、麦积山和大足石刻中4个具有代表性的造像。

邮票解析

图4-1【云冈石窟·北魏·大佛】该石窟位于山西大同，现存主要洞窟53个，造像51 000余尊。始凿于北魏，其雕刻技法继承并发展了秦汉时代的艺术传统，又深受犍陀罗佛教艺术的影响，对隋唐石窟艺术的影响很大。邮票主图上的露天大佛，为第20窟释迦坐像，高13.7米，额宽鼻高，眉眼阔大，透出一种平和庄严之相，是云冈石窟中的代表作。

图4-2【龙门石窟·唐代·力士】该石窟位于河南洛阳龙门口，始凿于北魏孝文帝迁都洛阳前后，现存窟龛2 103个，造像97 000余尊。在该石窟中，规模最大，成就最高的当数唐代修建的奉先寺大卢舍那像龛，邮票主图上的力士像即取材于此龛中。

图4-3【麦积山石窟·西魏·菩萨】该石窟位于甘肃天水县城东南，因山势状如农家积麦而得名。现存各代洞窟194个，大小泥塑造像7 000余尊，是我国保存泥塑造像数量最多的石窟之一。邮票主图为侍奉菩萨像，取材于西魏第127窟，其面容清瘦，体态修长，充分显示出西魏造像的卓越成就。

图4-4【大足石刻·宋代·养鸡女】大足石刻坐落于重庆市大足县周围，以佛像为主，兼有儒、道教造像，统称大足石刻。其中多数造像开凿于唐宋时期，规模宏伟，艺术精湛，是我国中晚期石窟艺术的代表作。邮票主图上的养鸡女造像，刻画了一个美丽勤劳的农家妇女放鸡出笼的瞬间形象，还有两只小鸡正在争啄蚯蚓，此场景活泼生动，充满生活气息。

马王堆汉墓帛画

发行日期：1989.3.25

3-1　　　　　　　　　3-2　　　　　　　　　3-3

（T.135）

3-1天上	8分	2 470.30万枚
3-2人间	20分	1 413.10万枚
3-3地下	30分	1 780.70万枚
小型张　马王堆汉墓帛画	5元	727.77万枚

邮票规格：（1图）40 mm×30 mm、（2、3图）30 mm×40 mm

小型张规格：90 mm×165 mm，其中邮票尺寸：60 mm×120 mm

齿孔度数：（1图）11×11.5度、（2、3图）11.5×11度、（M）无齿孔

整张枚数：50枚

版　别：影写版、（M）胶版

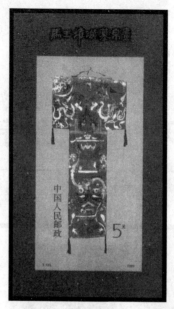

（T.135 小型张）

设计者：王虎鸣

印刷厂：北京邮票厂

全套面值：0.58元

小型张面值：5.00元

知识百花园

　　马王堆位于湖南长沙市东郊五里牌，离市中心约8千米。这里埋葬着西汉（公元前206年—2年）初期长沙国丞相軑候利苍和他的妻子、儿子。1972年至1974年初，我国考古工作者对长沙马王堆一、二、三号汉墓进行了科学发掘，出土了数千件珍贵文物，其品类之多，保存之完好，均为我国考古工作史上所罕见，对于研究西汉初期的社会、政治、经济、科学文化等方面的发展情况，提供了可靠的物证。在挖掘一号汉墓中，人们发现了一幅彩绘帛画，紧贴在墓主的棺盖上，但由于年深日久，帛画已变成棕色，严重老化。现存湖南省博物馆。

　　为向国人及世界展示这一珍宝，弘扬我国的绘画艺术，邮电部发行了这套《马王堆汉墓帛画》特种邮票。

图3-1【天上】即帛画的上部，描绘天国的情景，是死者灵魂翼归为宿的地方。画的正中绘有人首蛇身的形象。普遍认为它是人类始祖之一的女娲。还有说这个"人首蛇身"者是伏羲、地母、月神羲和、地府女神、黄帝、傩神、镇墓神等等。帛画上部右边画着一轮红日，内有一只黑色的乌鸦，传说它是日之精灵。在圆日的下面，有8个小红球，象征8个小太阳，歇息在扶桑树的枝叶间。左边为一弯新月，月中有蟾蜍和玉兔，月牙下有一女子，据说这是表现嫦娥奔月的故事，也有人说这女子是月神。天国的最下面是天阙，有守卫神把持，阙顶雄踞着双豹。此外，画中还绘有代表长寿的鹤和其他怪兽。

图3-2【人间】位于帛画中部。以最显著的位置画着一位挂杖缓行的老妇人。在她的前面有两人跪迎，并捧着盛食物的案，后面则有3个侍女随从。老妇人的形体画得比其他人高大得多，用以显示出身份的高贵。根据对其形态、服饰和发饰等的研究，证实她与马王堆出土的女尸，即一号墓主利苍之妻为同一人。中部的整个画面，应是生者幻想死者灵魂升天的情景。

图3-3【地下】位于帛画下部。绘着两条交互的鳌鱼或鲲，背上蹲着一个赤身裸体的力士，双手托着象征大地的白色扁平物。在他两侧，各有一龟，背上站着猫头鹰，意在守卫死者的亡灵。

小型张【马王堆汉墓帛画】该帛画以细绢作底，画幅全长205厘米，上部宽92厘米，下部宽47.7厘米。顶端横裹一根竹竿，上系丝带，可以张举、悬挂。上部下面的两角上，及下部下面的两角上，各缀有长约20厘米穗状的青黑色麻质涤带。帛画整体呈"T"字形，因此，现在多称它为"T"型帛画。此外，它还有六种称呼：画幡、引魂幡（用以引导死者灵魂上天）、铭旌（即旌旗，古代葬仪中用来表示等级的标志）、非衣（覆盖在内棺上使墓主人飞天升仙之衣）、嵌旌（送葬时所用并放入墓中的彩画幡）和忱（覆盖在尸体上和棺上的织物品）。帛画整体所表现的内容为"天上、人间、地下"，整幅帛画既有我国的神话传说，也有对当时现实生活的写照，画作采用朱砂、石青、石绿等矿物颜料，丰富而鲜艳，是我国汉初绘画风格的代表作。

当代美术作品选（一）

发行日期：1989.9.1

3-1

3-2

3-3

（T.141）

3-1叶浅予《白蛇传》　　8分　　2 355.40万枚

3-2李可染《细雨漓江》　20分　　1 995.25万枚

3-3吴作人《齐奋进》　　50分　　1 878.37万枚

邮票规格：54 mm×40 mm

齿孔度数：11度

整张枚数：28枚

版　　别：影写版

设计者：叶浅予、李可染、吴作人

印刷厂：北京邮票厂

全套面值：0.78元

知识百花园

　　这套《中国当代美术作品选》（一）特种邮票，分别选取驰名中外的美术大师叶浅予、李可染、吴作人的画作，并采用中国古典册页的装帧设计形式，右边为绘画作品，左边配以画家的题词，形式新颖，格调高雅，使人们在欣赏画作的同时，也品味到大师们高超的书法艺术。

邮票解析

　　图3-1【叶浅予《白蛇传》】 为叶浅予1960年的作品。上有题款："中国京剧院1960年在南北美洲演出余所作海报今重写之。"《白蛇传》是根据我国一则神话故事改编的京剧，在中国可谓家喻户晓、广为流传。它表现了两条幻化成人形的仙蛇渴望拥有人类家庭生活，歌颂了他们对爱情的忠贞及对朋友侠义的友情。邮票画面上，即为该剧中三位主要人物青蛇、白蛇和许仙的造型，其细腻透彻的线描及清淡素雅的色彩，极为逼真生动地刻画出人物的形象，充分显示出大师不同凡响的绘画功力。

　　叶浅予生于1907年3月，浙江桐庐县人。他没有进过美术院校接受系统训练，而是自学绘画成才，故以"画坛草寇"自居。1927年至1937年，在上海从事漫画创作，有长篇漫画《王先生》和《小陈旅京外史》在报刊上连载。抗战期间组织漫画宣传队，是"中华全国漫画界救亡协会"负责人之一。1941年创作《战时重庆》漫画百幅。1944年在重庆举办旅印画展，用国画笔墨展示中国远征军训练营的生活及对印度社会的印象。1948年，在北京《新民报》上发表连载漫画《天堂记》，表现访美所见。新中国成立，主要从事艺术教学工作，并创作以戏剧、舞蹈人物画像为题材的国画作品。出版有《叶浅予画集》和速写画集多种。他的漫画、速写和舞蹈人物画像，被人誉为"三绝"。他早期漫画所塑造的王先生这个人物，在30年代的上海可谓妇孺皆知。他的速写已发展为独立的艺术门类，在画界享有盛誉。而他的舞蹈人物画像，更是雅俗共赏，是其在艺术上的主要成就。叶浅予曾担任中央美术学院教授及国画系主任、中国美术家协会副主席、全国文联委员、中国画研究院副院长等职。1995年5月8日去世，享年88岁。

图3-2【李可染《细雨漓江》】 为李可染1977年所作。上有题记："雨中泛舟漓江山水空濛恍如置身水晶宫中。"漓江为桂林山水中一绝佳景点。作品以浓厚的笔墨，描绘出烟雨漓江空濛苍茫的景色，在这里把它作为邮票右边的图案；左边则是大师亲笔书写的名言："真知困而得，峰高无坦途。"本邮票将他独具特色，自成一格的书画佳作融汇于方寸之中，相得益彰，表现了大师的卓越才能。

李可染1907年生于江苏徐州，1989年12月15日病逝于北京，时年82岁。他13岁拜师学习中国山水画，22岁在西湖国立艺术院研究部研习油画、素描，并加入了青年艺术进步团体"一八艺社"。抗战爆发以后的7年间，从事爱国宣传画工作，并潜心致力于中国画的继承和创新。40岁时拜齐白石、黄宾虹为师，深得中国绘画之奥妙。50年代初，为了中国画的变革和发展，10多年间踏遍名山大川，行程5万余千米，在长期的实践中，逐渐形成了严肃、深厚、凝重的画风，人称"李家山水"。他自18岁起，即在徐州艺专任教，以后又在国立艺专、中央美术学院任教，教学生涯近50年，桃李满天下。有《李可染艺术论》专集，以多种版本在大陆和台湾发行。作品除在全国各地展出外，还在捷克斯洛伐克、民主德国、日本等国举办过画展，并出版了画集图录。同时3次拍摄纪录片共计10部，其中山水短片《为祖国河山立传》在波兰世界短片比赛中获"银龙奖"。1986年，德意志民主共和国艺术院一致推举李可染为该院"通讯院士"。李可染大师不仅画艺杰出，而且对祖国深怀着赤子之情，他说："人谓中国文化已至末路，而我则预见东方艺术复兴之曙光。"他认为，中国的哲学、文学和艺术，不仅在古代曾领先天下，今后也必将更加辉煌灿烂。李可染生前曾任中国画研究院院长、中国美协副主席、全国政协委员、黄宾虹学术研究会荣誉会长等职。他的作品和著作在国内外产生了重大深远的影响，在现代美术史上承前启后，是近代中国画最早的开拓者之一。

图3-3【吴作人《齐奋进》】为吴作人1978年创作。牦牛是生活在我国西藏高原一带，在极为严酷恶劣的自然环境中也能够健壮成长的一种动物，可作为力量和坚韧不拔的象征。邮票画面上，画家以水墨画笔法，淋漓尽致地刻画出牦牛倔强不屈、无所畏惧的性格，体现出我们民族顽强奋斗、勇往直前的品质。并亲笔题写了"法由我变，艺为人生"的八字名言，表达了大师孜孜不倦、像牦牛那样奋斗不息的人生哲学。

吴作人祖籍安徽泾县，1908年生于苏州。1921年考入苏州工业专门学校预科。1927年入上海艺术大学美术系学习。1928年进入海南国立艺术学院美术系。1930年赴法国，先在巴黎自由画院及卢费尔学校进修素描，而后考入巴黎美术学校，旋又考入比利时王家美术学院巴思天工作室。1931年以优异成绩获比利时皇家美术学院金质奖章和桂冠生荣誉。在欧期间，曾先后赴德、奥、英、意、瑞士等国，对各地博物馆的艺术收藏作广泛地考察和研究。1935年秋回国，任教于南京中央大学艺术系。1937年抗战爆发后，参加"战地写生团"，赴前线作画。1943年至1945年，深入甘肃、青海、西藏等地，临摹敦煌壁画，并创作了大量写生画。1949年以后，一直在中央美术学院担任教学和领导工作。1977年以后，曾多次应邀出国访问或参加国际性会议及举办作品展，其作品被各国公私收藏家所搜求。吴作人禀赋独厚，学贯中西，是一位具有多方面修养的杰出艺术家。在他60多年的美术生涯中，创作了大量的传世之作。其代表作品有油画《纤夫》《出窑》《播种》《玄武湖上风云》《齐白石像》《黄河三门峡》《镜泊飞瀑》等；中国画有《金鱼》《山鹫》《雄鹰》《熊猫》《牦牛》《骆驼》等。出版物有《吴作人油画选集》《吴作人水墨画选集》《吴作人的艺术》等。曾担任中央美术学院名誉院长、中国美术家协会主席。1985年，法国政府和文化部授予他"艺术文学最高勋章"。1988年，比利时国王博多安一世授予他"王冠级荣誉勋章"。从1954年起，当选为历届全国人民代表大会代表。1983年起任全国人大常委会委员。1988起任全国政协常委会委员。

彩陶

发行日期：1990. 4. 10

(T. 149)

4-1半坡类型　　　　8分　　2 252.15万枚

4-2庙底沟类型　　　20分　　2 117.15万枚

4-3马家窑类型　　　30分　　2 010.10万枚

4-4马厂类型　　　　50分　　1 925.10万枚

邮票规格：30 mm×40 mm

齿孔度数：12度

整张枚数：50枚

版　　别：胶版

设计者：王虎鸣

印刷厂：北京邮票厂

全套面值：1.08元

知识百花园

这套《彩陶》特种邮票，选取我国彩陶制造最为繁盛的黄河中、下游地区出土的4件最具代表性的作品。

邮票解析

图4-1【半坡类型】1952年在陕西西安市东郊沪河东岸的半坡村遗址出土，距今约6 000年左右，属于仰韶文化早期。主要分布在陕西、甘肃的渭水、泾水流域。这一时期制陶技艺以手制为主，有时也用慢轮修整口沿。陶器以粗质和细泥的红色、红褐色陶为主，多涂黑色或暗紫色纹饰。其图案以动物形象较多，有鱼、龟、鹿、鸟和人面、猪面等仿生性纹样，其中最具代表性的花纹为鱼类水族纹。此外，鱼和人面相结合的纹样，也是半坡类型彩陶中富有特色的图案花纹，这种纹样大多绘在彩陶大盆内。这种结合的纹样有着奇特的构成样式：正面的人面外廓为圆形，额的左半被染黑，右半为黑色半弧形，这是当时氏族社会人们文面习俗的反映，一双细而平的眼睛显得安详平和，在人嘴的两旁对称地各置一条变形鱼纹，鱼头与人面的嘴外廓相重合，构成共用形，巧妙地表现出鱼寓于人面的意思，在额角

两边也各有一对鱼纹，人头上耸立着三角形的发髻，发髻外有鱼的鳍刺状的装饰，同样也是表现鱼和人面相托寓的意思。半坡类型彩陶中这种奇特的鱼和人面相结合的纹样，是半坡氏族社会的人们认为鱼是氏族的始祖神而设计的图腾纹样，它表达出鱼和人面密不可分而融为一体、人和鱼相互托寓的主题。氏族社会以血缘为纽带，图腾是以动物等超人的物类作为氏族的始祖神。图腾成为氏族共同体的族徽，从精神方面起着维系氏族的作用。

图4-2【庙底沟类型】1956年在河南省陕县东南的庙底沟出土，距今约五六千年，属于仰韶文化中期。其分布以河南、陕西、山西为中心，并且遍及周围各地。在这种类型的彩陶图案中仿生性纹样减少，多为变体的几何形纹样。有的将变体的动物纹样经过分解后，又重新组合，以至辨别不出演变前的原型。邮票上的作品为庙底沟类型彩陶的典型样式，经过分解的变体鸟纹已看不出鸟固有的具体形象，但从分别表示头部的圆点纹、表示身子和翅膀的弧边三角纹和勾羽纹的呈斜列状的组合图案中，仍然能感到飞鸟在天上翱翔、盘旋、回舞的样子。这件陶器出土时已经碎裂，复原后所呈现出来的弧形造型的图案与外廓呈弧形的曲腹盆配置在一起，十分协调，相得益彰。

图4-3【马家窑类型】1924年在甘肃省永清县三坪出土，距今约5 000年左右，属仰韶文化类型，亦称甘肃仰韶文化。这个时期甘肃、青海地区的马家窑文化的彩陶，不仅数量巨大，而且器型多样，图案精美，花纹绚丽。马家窑文化又分为马家窑、半山、马厂3个相延发展的类型。其中马家窑类型的彩陶，大多为橙黄色，器表经过精心打磨，器口、外壁都常画彩，花纹全部为黑色，构图繁复，线条流畅，大口器内壁常有内彩。其器型出现了带有把手、錾突和器盖的样式。邮票上的这件敛口彩陶瓮，高50厘米，在腹部最显眼位置上，饰有二方连续旋纹。

图4-4【马厂类型】1924年秋在青海省民河县三家窑遗址出土，距今约4 000年左右，是继承半山类型发展起来的，半山类型的器型以壶、瓮为主；运用彩绘，并且出现了以两条黑线合镶一条红线组成复合线纹的画法，彩陶图案则以四大圈纹和神人纹为代表。而马厂类型彩陶上的神人纹已被简化，而且做了变形处理，大部分神人纹的头部被省略，下肢的关节增多，上、下肢的关节处也都长了爪指。神人纹作双臂上扬状，在神人纹的四周常填以稷黍类的种子，是描绘神人正在撒种的样子。彩陶上出现的这种类似农神、谷神的神人纹，是当时农业有了进一步发展的反映。